PSYCHOLOGIE
UND
ÄRZTLICHE PRAXIS

VON

HERM. F. HOFFMANN
A. O. PROFESSOR FÜR PSYCHIATRIE UND NEUROLOGIE
AN DER UNIVERSITÄT TÜBINGEN

BERLIN
VERLAG VON JULIUS SPRINGER
1932

ISBN-13: 978-3-642-98557-7 e-ISBN-13: 978-3-642-99372-5
DOI: 10.1007/978-3-642-99372-5

Vorwort.

Psychiatrie sei die Lehre von den Geisteskrankheiten und psychischen Abnormitäten; eine medizinische Fachdisziplin, die, wie auch die anderen Spezialitäten, ein begrenztes Gebiet der menschlichen Pathologie beherrscht. Für die allgemeine Praxis nur von untergeordneter Bedeutung, weil man psychisch kranke Menschen frühzeitig aus der sozialen Gemeinschaft entfernt und ihre Zukunft der Obhut einer Klinik oder Anstalt überläßt, wo sie gute und sichere Verwahrung finden.

Wer dieses glaubt, hat den Geist der Psychiatrie nicht erfaßt. Sie vermag in ihrem oft grotesken Gewande mehr zu bieten, als der heutige Unterricht erkennen läßt. Was sagt es dem Praktiker, wenn er in der schwierigen Differentialdiagnose zwischen zirkulären und schizophrenen Psychosen zu Hause ist, wenn er eine echte Paranoia von einer sensitiven Reaktion zu unterscheiden vermag; kurzum, wenn er die sog. psychiatrische Systematik gründlich studiert hat und die einzelnen Krankheitsbilder nach reiflicher Überlegung einzuordnen weiß?

Für die Praxis ist damit nicht viel gewonnen. Die brennenden Fragen, die interessanten Erkenntnisprobleme, die den Spezialisten bewegen, können den Praktiker kaum erwärmen. Was die Psychiatrie seinem Herzen näher bringen soll, das ist die *psychologische Atmosphäre*, die den anderen medizinischen Disziplinen aus verständlichen Gründen abhanden kam. Körperliches Einzelgeschehen hat in ihnen die Oberhand gewonnen. Die Seele der kranken Menschen verblaßt und führt hinter den exakten Untersuchungsmethoden ein verkümmertes Dasein. Der moderne psychiatrische Unterricht sieht darin seine Aufgabe, das psychologisch-ärztliche Denken aus dem Schlummer somatischer Verdunkelung zu neuem Leben zu erwecken, die praktisch-psychologische Erfahrung und Erkenntnis dem ärztlichen Denken und Handeln dienstbar zu machen.

Einen hohen Prozentsatz der Klienten in der allgemeinen Praxis stellen jene Neurotiker, die der Spezialist zu den sog. „Bagatellfällen" zählt. Wie der Praktiker sie verstehen und behandeln soll, das zu zeigen, habe ich mir zum Ziele gesetzt.

Man möge es nicht verübeln, daß ich auf Literaturhinweise verzichtet habe. Es wären der Namen zu viele gewesen, daß die Einheitlichkeit des Textes darunter gelitten hätte. Die Arbeit wurzelt im gesamten modernen psychiatrisch-psychologischen und neurologischen Schrifttum. Auch der Psychologe NIETZSCHE hat bei ihr Pate gestanden.

Tübingen, im März 1932.

H. F. HOFFMANN.

Inhaltsverzeichnis.

Einleitung.

Die Gliederung des Stoffes will alle Momente, die zum Rüstzeug einer einwandfreien diagnostischen und therapeutischen Gestaltung der „kleinen“ Neurosen aus der allgemeinen Praxis gehören, in jener Ordnung zur Sprache bringen, wie sie sich dem Facharzt als zweckmäßig erwiesen hat. Theoretisch-wissenschaftliche Probleme sollen in den Hintergrund treten und nur dann gestreift werden, wenn es zum Verständnis und zur Analyse der empirischen Tatsachen unbedingt notwendig erscheint. Es ließ sich vielfach nicht vermeiden, auch bekannte und selbstverständliche Dinge zu berühren. Die Erfahrung hat uns gelehrt, daß oft gerade das Einfache, Nächstliegende allzu wenig beachtet wird.

Wir beginnen mit der äußeren Betrachtung. Wir werfen die Frage auf, wie das Verhalten des Patienten darauf schließen läßt, wes Geistes Kind er sei. Dabei haben wir nicht beabsichtigt, eine umfassende Beschreibung physiognomischer Tatbestände zu geben. Vielmehr sollen nur die groben äußeren Kennzeichen seelischen Geschehens behandelt werden, wie sie jedem Beobachter zugänglich sind.

Die äußere Betrachtung findet ihre Ergänzung in einer kurzen Darstellung der Entstehungsgeschichte „nervöser“ Beschwerden und des mit ihnen aufs engste verknüpften Krankheitsbewußtseins. Unter den ursächlichen Faktoren spielen die wichtigsten Lebenskonflikte eine hervorragende Rolle. Sie stellen den primitiven Wissensstand dar, den jeder Arzt bei der Exploration nervöser Patienten zur Hand haben muß, wenn er ihre Lebenssituation einigermaßen überschauen will. Ohne Kenntnis der Lebensbedingungen wird man den nervösen Menschen niemals verstehen, geschweige denn ärztlich behandeln können.

Ein weiteres Gebiet von erheblicher Bedeutung für die Aufklärung der Neurosen haben wir in der Veranlagung des nervösen Menschen vor uns. In ihr sind die seelischen Einstellungen und Reaktionsmöglichkeiten verwurzelt, mit denen er dem Leben, den mannigfachen Reibungen und Schwierigkeiten des Alltags begegnet. Seine in irgendeiner Richtung schwache oder geschwächte Widerstandskraft versagt, er weicht aus und rettet seine verwundbare Seele hinüber in den neurotischen Symptomenkomplex. Er umgibt sich mit dem Panzer der Krankheit, welcher die peinlichen Angriffe von Verantwortung und Leistung abwehren soll. Bei der Aufrichtung dieses Schutzes sind manche unterstützenden Momente mit wirksam, die mit zäher Beharrlichkeit die einmal vorhandenen Beschwerden fixieren und erst recht ins Kraut schießen lassen. Sie liegen zum Teil in den Verhältnissen unserer sozialen Versicherung, zum Teil aber in der Psychologie der Laienwelt und in der seelischen Haltung des Arztes begründet.

Die Therapie der nervösen Beschwerden hat in erster Linie die psychologische Erfassung der nervösen Menschen ins Auge zu fassen. Aus ihr ergeben sich zwanglos die Richtlinien der Behandlung.

1. Die äußere Betrachtung (Ektoskopie).

Der erfahrene Arzt spürt in vielen Fällen, schon wenn der Patient das Untersuchungszimmer betritt, ein dumpfes „Ahnen“, welche Krankheit oder Krankheitsgruppe bei ihm vornehmlich in Betracht kommen könnte. Bei aufdringlicher, sichtbarer Symptomatik ist er sogar oft in der Lage, auf den ersten Blick eine bestimmte Diagnose zu stellen und sie nachträglich durch die Untersuchung zu erhärten. So genügt z. B. dem Nervenarzt in der Regel eine kurze Betrachtung, um eine psychogene von einer organisch bedingten Gangstörung zu unterscheiden.

Was ist in diesem sogenannten „Ahnen“, in dieser Orientierung auf den ersten Blick enthalten? Man spricht von intuitiver Diagnostik. Das „Gefühl“ soll die Krankheit erfassen, angeblich präziser und sicherer als der „Verstand“. Der Begriff Intuition ist in der neueren Literatur zu einem undurchsichtigen Nebelgebilde geworden. Man mag in unserem Falle von Intuition reden, wenn man sich darüber klar ist, daß dieser Art der Diagnostik ein lern- und lehrbarer, ursprünglich mit den Sinnesfunktionen verstandesmäßig erworbener Niederschlag empirischer Beobachtungen zugrunde liegt, der allerdings ohne bewußte logische Denkfunktionen „auf den ersten Blick“ unmittelbar den richtigen (oder auch einen falschen) Weg weist. Bei der „intuitiven“ Diagnostik können grobe Irrtümer unterlaufen, die sich dann durch eingehende und gewissenhafte Untersuchung selbsttätig ausschalten. Dennoch aber ist die äußere Betrachtung wichtig, ja unentbehrlich. Wir haben als Ärzte die Pflicht, unseren ersten Eindruck des äußeren Gesamtbildes, den wir vor aller Untersuchung von den Patienten gewinnen, wohl zu beachten und der diagnostischen Klärung des Krankheitsfalles sowie auch den therapeutischen Maßnahmen einzugliedern. Im äußeren Gesamtbild sind neben vielen anderen stets auch gewisse Erscheinungen der „Krankheit“ eingezeichnet, die wie alle anderen Krankheitssymptome zu werten sind. Vor allem aber haben wir in diesem Bilde ein Symbol der Persönlichkeit des kranken Menschen vor uns, das uns wertvolle psychologische Hinweise zu geben vermag. Vieles verstehen wir auf diesem Gebiete heute noch nicht. Ich muß mich daher auf primitive Beispiele und gewisse allgemeine Andeutungen beschränken.

Jeder Arzt kann es lernen, an jenen Patienten, die mit ihren nervösen Beschwerden seine Sprechstunde aufsuchen, mancherlei äußere Kennzeichen zu „sehen“ und zu deuten. Vielfach läßt schon ein schwächlicher, zartgliedriger *Körperbau* gewisse Schlüsse auf mangelnde seelische Widerstandskraft zu. Doch gibt es auch zähe, ausdauernde Astheniker, und in manchem Menschen mit robustem Habitus und starken Gliedmaßen steckt eine zarte, weiche Seele. Oft entpuppen sich gerade die Patienten mit blühendem Aussehen und kräftigem Wuchs als schwerblütige Hypochonder, deren somatische Vitalität allen grüblerischen Befürchtungen um die eigene Gesundheit ins Gesicht zu schlagen scheint. Disharmonien der Körpergestalt, d. h. ein Mißverhältnis einzelner Körperteile zueinander oder zum Ganzen, gehen manchmal (keineswegs immer) mit seelischer Labilität und Unausgeglichenheit Hand in Hand. Sie sind ja auch als Degenerationszeichen bekannt, ohne daß sie tatsächlich stets auf „Entartung“ hinweisen müßten. Auch übersteigerte Fettentwicklung muß den Verdacht seelischer Abnormität (Lahmheit, Antriebslosigkeit, Apathie, Stumpfheit) erwecken. Es sei ferner auf jene dysplastischen Erscheinungen des Habitus hingewiesen, die wir als Abwegigkeiten des Geschlechtstypus bezeichnen, wie schmales Becken, fehlende Brüste, Körperbehaarung bei Frauen und vice versa breites Becken, mehr oder weniger angedeutete Brüste und fehlende Körperbehaarung bei Männern. Diese konträrsexuellen Merkmale haben vielfach ein psychisches Korrelat in Form von erhöhter Konfliktsbereitschaft in der ihnen entsprechenden erotischen oder sexuellen Sphäre (s. u. die gleichartigen Merkmale der Gesichtsbildung). Absolute Beziehungen zwischen Soma und Psyche können wir nicht vertreten oder ist unser Auge dafür heute noch nicht fein genug. Immerhin sollten wir den Ausdruck der Körperlichkeit mit Vorsicht verwerten, ohne uns zu vorgefaßten Meinungen verleiten zu lassen.

Eine besondere Bedeutung für das Erleben eines Menschen können extreme körperliche Eigentümlichkeiten gewinnen, die als unschön, häßlich, abartig oder mißwachsen imponieren. Die Betreffenden fühlen sich körperlich bloßgestellt und in ihrem Selbstgefühl beeinträchtigt. Wie sehr dieses Moment die Charaktergestaltung zu beeinflussen vermag, das wissen wir von der Psyche der Buckligen, die aus Insuffizienzgefühlen zu allerhand Aggressionen gegen die vom Übel verschonte Mitwelt geneigt sind.

Weiterhin beachten wir die *Körperhaltung*, die bei nervösen Menschen nicht selten gebeugt, schlaff, müde und unenergisch wirkt. Ihr Bild will unsicheres Selbstgefühl, mangelndes Zutrauen zum eigenen Ich und zur körperlichen Leistungskraft, Mutlosigkeit und seelisches Leid zum Ausdruck bringen. Sie lassen sich „gehen“, „hängen“. Andere fallen uns durch übertrieben aufrechte, straffe, „überlegene“ Haltung auf und erwecken damit den Verdacht, daß ihr Inneres sich mit dieser festen Hülle bekleidet, um gegen Verletzungen von Schwäche und Unwert gefeit zu sein. Diese Hülle muß fallen, wenn wir ins Herz vordringen wollen.

Seelische Kraft findet ihren Ausdruck in echter motorischer Ruhe und Harmonie. Allzu rasche, nervöse, hastige, fahrige, „zappelige“ *Gesten* geben eine gespannte Affektivität zu erkennen. Angst und Aufregung oder Gereiztheit machen die Glieder zittern. Oft sehen wir bei scheinbarer äußerer Gelassenheit allerhand Zeichen innerer Unruhe, wie Nesteln und Zupfen an den Kleidern, Trommeln mit den Fingern, Spielen der Hände oder mit Gegenständen, unruhiges Herumrutschen auf dem Stuhl usw. Wir schließen daraus, daß diese Menschen etwas nicht sagen wollen, was sie auf dem Herzen haben. Statt dessen findet eine motorische „Erledigung“ statt. Die Unruhe kommt in der Regel dann zum Stillstand, wenn man den Kern der psychischen Komplexe getroffen hat und der Affekt eine Ableitung findet. Man schärfe das Auge für derartige „Kleinigkeiten“, da sie die Exploration erleichtern. Gehemmt, bewegungsarm erscheint die Motorik der Depressiven. Lahme, unbeholfene, schwerfällige oder unnatürlich eckige, steife Bewegungen lassen eine ähnliche Einstellung zu den Aufgaben des praktischen Lebens vermuten.

Am *Gesicht* beachten wir zunächst die *Gesichtsfarbe*. Wichtig für unser Gebiet ist hier die gesteigerte bzw. verminderte Blutfülle der Gesichtshaut bei *Vasoneurotikern* (kalte rote Ohrläppchen, Hände und Füße, letztere beide oft feucht). Von ihnen hört man vielfach, daß ihr Aussehen extremen Schwankungen unterworfen sein kann, daß sie leicht erröten, ebenso plötzlich blaß werden, vor allem bei aufregenden Anlässen. Nicht selten tritt dieses wechselvolle Spiel der Hautgefäße auch im Sprechzimmer deutlich in Erscheinung. Oder beobachten wir nur eine plötzlich bzw. allmählich einsetzende Blutfülle des Gesichtes, den bekannten Blutandrang zum Kopf (nicht nur klimakteriell). Auch das Erröten umschriebener Hautbezirke an Hals und Brust bei Frauen (weniger bei Männern), das sog. Erythema fugax, ist als nervöses Symptom der äußeren Besichtigung zugänglich. Viele nervöse Patienten fallen durch ausgesprochen blühende, gesunde Gesichtsfarbe auf, die von Anfang an ein körperliches Leiden unwahrscheinlich macht. Sie selbst empfinden das Mißverhältnis zwischen Aussehen und Beschwerden als peinlich, äußern sich darüber höchst ungehalten, weil ihnen die Menschen nicht glauben würden, daß sie sich krank fühlen. Sie nützen ihre Überzeugung, daß ihr Äußeres täuscht, um so mehr im Sinne des Leidens aus („das ist ja gerade das Schlimme, daß ich so gut aussehe“). Pastöse, teigige Haut und damit verbundene bläßliche Gesichtsfarbe ist unter Umständen ein Symptom der exsudativen Diathese, die mit mangelnder körperlicher Widerstandskraft (Katarrhe, Heuschnupfen, Ekzeme) und hochgradiger seelischer Empfindsamkeit einhergehen kann.

Eine Reihe von Auffälligkeiten kann die *Gesichtsbildung* bieten. Auch hier ist größte Zurückhaltung in der physiognomischen Deutung geboten. Man darf gerade diese Ausführungen nur cum grano salis verstehen. Massive, plumpe, knöcherne Derbheit kann ebenso wie feine, zarte Gestaltung auf eine entsprechende seelische Verfassung hinweisen. Volle plastische Gesichtsformen sind nicht selten der Ausdruck eines weichen, zur Schwermut geneigten Gemütes. Spitze, scharfe Gesichtszüge müssen oft als Symbol von Mangel an Wärme und Mitgefühl, von Defekten der Hingabefähigkeit aufgefaßt werden. Es liegt auf der Hand, daß wir in solchen Fällen, ganz besonders bei Frauen, an Schwierigkeiten in der Sphäre des Erotischen oder aber an irgendwelche Reibungen im Umgang mit den Nebenmenschen zu denken haben. Hier sei auch die Tatsache erwähnt, daß sich aus der Gesichtsbildung gewisse konträrgeschlechtliche (typologische, nicht unbedingt sexuelle) Eigentümlichkeiten ablesen lassen. Grobe, knochige, „männliche“ Formen (Bartansatz!) bei Frauen und rundliche, zarte, weichliche, „feminine“ Formen (fehlender oder spärlicher Bartwuchs) bei Männern können Ausdrucksbedeutung haben; zum mindesten für die Art der Lebensgestaltung im Sinne männlicher Selbstbehauptung oder weiblicher Anpassungsfähigkeit, oft aber auch im engeren Sinne für eine Struktur des sexuellen bzw. erotischen Erlebens. Darüber hinaus können Disharmonien der Gesichtsproportionen, wie z. B. ein Mißverhältnis zwischen Stirn, Mittelgesicht- und Kinnpartien mit einer disharmonischen, psychopathischen Veranlagung verbunden sein, ohne daß diese Korrelation stets oder gar sehr häufig zutreffen müßte. Wir wissen leider über die Beziehungen solcher Dysplasien zu bestimmten abnormen Charakterzügen noch herzlich wenig. Immerhin wären sie als äußere Auffälligkeiten zu beachten. Manche dürfen als Kennzeichen der schizoiden Anlage gelten.

Den tiefsten Einblick in die Persönlichkeit bzw. in die momentane seelische Verfassung gewinnt die äußere Betrachtung aus dem *Gesichtsausdruck*. Selbst der in psychologischen Dingen ungeschulte Arzt vermag gewisse gröbere Eigentümlichkeiten des Gesichtsausdruckes zu deuten, falls er ihnen Gewicht beilegt. Unschwer ist in der Regel der scheue, vor Erwartung gespannte, unruhige, hilfesuchende Blick zu erkennen, der den ängstlichen Patienten verrät. Sei es, daß seine Lebenssituation zu Befürchtungen Anlaß gibt, oder daß er sich über seinen Gesundheitszustand ernste Sorgen macht. Charakteristisch für einen anderen Typus des Hypochonders ist der schwere, trübe, bekümmerte Blick, der die Neigung zum Grübeln und Anwandlungen depressiver

Stimmungen vermuten läßt. Oft führt in solchen Fällen der Gesichtsausdruck rascher und müheloser zur diagnostischen Klärung als die Art der Beschwerden. Züge der Verstimmung finden wir auch bei jenen Neurotikern, deren Wesen darin besteht, mit ihrer Umwelt in offener oder verhüllter Zwietracht zu leben. Ihre Mimik drückt Unzufriedenheit aus, sie wirkt „unfreundlich", finster, moros und ablehnend. Diese Menschen beziehen leicht alles auf sich; nur ihnen konnte „so etwas" passieren, ihnen geschieht stets unrecht, sie haben immer Pech, überall finden sie Gründe zu Beschwerden und zum Querulieren. Zeigt die Gesamtmotorik außerdem noch die Eigentümlichkeit einer raschen, temperamentvollen, ungestümen Motorik, so werden wir mit Recht häufige, vielfach auch tätliche Zusammenstöße mit der Umgebung vermuten müssen. Das Gesamtbild trägt dann manchmal die Zeichen roher, animalischer Brutalität. Die Empfindlichkeit und Reizbarkeit dieser Menschen reagiert auf geringfügige Vorkommnisse, die sich ihnen in den Weg stellen, mit heftigsten Affektentladungen. Unstet, unruhig, flackernd oder starr ins Leere gerichtet ist der Blick eines Menschen, der sich in heftiger Erregung und Spannung befindet. Ein besonderer Typus der nervösen Patienten pflegt alles Seelische mit dem Ausdruck naiv lächelnder Harmlosigkeit zu verschleiern und statt dessen eine Fülle von „nur" körperlichen Störungen und Mißempfindungen vorzubringen. Der Ausdruck will zu den vielen und sehr „quälenden" Beschwerden nicht stimmen und muß unseren Verdacht erregen. Das lächelnde Leiden ist nichts als eine Maske, hinter der seelische Konflikte schlummern. Diese enthüllen sich oft (nicht immer) bei geschickter Fragestellung, und damit schaltet sich der „passende" Gesichtsausdruck ein. Als Maske muß auch der anmaßende Blick eines gesteigerten Selbstbewußtseins imponieren. Er stellt ebenfalls einen „Kontrast"-Ausdruck dar, der eine Beichte abwehren soll. Fällt die Maske, dann dürfen wir die Gewißheit haben, den Betreffenden richtig angefaßt zu haben. Mit vorsichtiger Zurückhaltung ist den Patienten zu begegnen, die dem prüfenden Blick des Arztes schlecht standhalten können und ihm auszuweichen suchen. Was sie zu verbergen haben, wird sofort klar, wenn sie sich in irgendeiner Beziehung besonders herausstreichen, ohne daß man sie danach gefragt hat. Der Mensch betont gern das Gegenteil von dem, was er ist. Seien wir in solchen Fällen vor dem Ansinnen der Patienten auf der Hut, zu selbstsüchtigen oder gar unlauteren Zwecken von ihnen ausgenützt zu werden. — Vergessen wir endlich nicht, daß auch die Kapazität des *Geistes* im Gesicht ihren Niederschlag findet. Stumpfsinn und Beschränktheit lassen sich einmal aus dem unlebendigen Blick, zum anderen aus dem mangelnden Bewegtheitsgrad des Mienenspieles ablesen. Es fehlen die Möglichkeiten feiner mimischer Nuancierung. Sprichwörtlich ist das sog. „blöde Lächeln" vieler Schwachsinniger. Verwechslungen zwischen dem Ausdruck geistiger Beschränktheit und der nur gemütlichen Stumpfheit können dem Ungeübten sehr leicht unterlaufen. So wird z. B. das leere, ausdruckslose Gesicht bei manchen Schizophrenen gerne im Sinne geistiger Beschränktheit verkannt, wo doch die Affektivität, nicht aber der Intellekt geschädigt ist. Eine zweite wichtige Unterscheidung betrifft die Gegenüberstellung von angeborener geistiger Beschränktheit und der durch Hirnkrankheit in späteren Jahren erworbenen Geistesschwäche (Demenz). Das gesunkene geistige Niveau prägt sich in Schlaffheit und Ausdruckslosigkeit der Gesichtszüge aus. Die Miene der Dementen zeigt die Eigentümlichkeit, daß hier die Zerstörung in eine Gesichtsbildung von ursprünglich normaler geistiger Qualität eingebrochen ist und noch gewisse Trümmer als Reste einer besseren Zeit übrigließ. Vergleichen wir diesen Ausdruck mit dem Bilde einer Ruine, so sehen wir in dem Gesicht der habituellen Beschränktheit eine schlecht gebaute, primitive Hütte, die aber in sich abgeschlossen und einheitlich wirkt. Als besondere Kennzeichen organischer Demenzen seien neben dem bekannten „Flattern" der Gesichtsmuskulatur, der sog. mimischen Ataxie bei Paralytikern, noch die „Rührseligkeit" der Cerebralarteriosklerotiker und die mimische Starre der Parkinsonkranken (Postencephalitis, Paralysis agitans) erwähnt.

Als letztes wichtiges Ausdrucksorgan fassen wir kurz noch die *Sprache* ins Auge; die feineren Nuancen des Sprechens lassen wir außer acht, da ihre physiognomische Deutung größte Schwierigkeiten in sich birgt. Tiefer gehende negative Stimmungsanomalien können in leisem Tonfall, düsterer Klangfarbe und verlangsamtem Rhythmus sich kundgeben. Lebhaftes Sprechen und Gewandtheit der Formulierung deuten unter Umständen auf ein hypomanisches, zum mindesten auf ein erethisches Temperament hin. Überstürzte Sprechweise, häufiges Versprechen oder gar Stottern zeigt innere Unrast, nervöse Hemmungen, Insuffizienzgefühle, Unsicherheit oder Angst an. Dabei ist zu bedenken, ob z. B. das Stottern nur situativ bedingt ist durch das Sprechstundenmilieu, oder ob es sich um ein habituelles Symptom handelt. Logorrhoische Geschwätzigkeit oder Wortkargheit mögen uns gleichermaßen zur Verzweiflung bringen, da sie uns Wesentliches vorenthalten. In beiden Fällen muß ein Widerstand energisch durchbrochen werden, wenn wir weiterkommen wollen. Manchen Menschen geht die Umsetzung ihrer Gedanken in die sprachliche Form schwer von der Hand, diesen müssen wir hilfreich an die Hand gehen, um ihr Inneres zu lösen. Auf alle Fälle ist es angezeigt, daß der Arzt die Zügel der Unterhaltung in die Hand nimmt, dabei aber die Modulationen des Sprachorgans (vor allem die plötzlichen, unerwarteten) zu beachten und den Besonderheiten auf die Spur zu kommen weiß. Die groben organischen Sprachstörungen (Silbenstolpern, bulbäre oder skandierende Sprache, motorische Aphasie usw.), wie sie bei Cerebralerkrankungen vorkommen, sind kaum zu übersehen. Sie kommen für die uns gestellte Aufgabe nur als nebensächlich in Betracht.

Der Gesamteindruck eines Menschen, den uns die äußere Betrachtung bietet, ist ein Strukturgebilde, das sich aus mannigfachen Einzelzügen zu einer Einheit zusammenfügt. Jede Einzelheit will beachtet sein, doch gewinnt sie ihre Bedeutung erst dadurch, daß sie in eine Ganzheit eingebaut ist. Für sich genommen besagt sie uns nicht viel, erst in ihren Beziehungen zu den mannigfachen Ausdrucksformen der Gesamterscheinung kann sie uns wertvoll sein. Man mache es sich zur Regel, dem Ursprung und Wesen aller Eigentümlichkeiten, die uns bei der äußeren Betrachtung auffallen, nachzugehen und durch eingehende Analyse für sie eine Erklärung zu finden.

Als Anhang zur äußeren Betrachtung sei auch den *Personalien* unserer Patienten noch ein bescheidener Platz eingeräumt. Wir sehen in ihnen ein festes und nicht nur äußeres Gerüst der Persönlichkeit. Durch sie gewinnen wir mit den Kranken den ersten näheren Kontakt, der unseren Eindruck vervollständigt. Beruf, Art der speziellen Tätigkeit, Religion, Alter, Familienstand,

Wohnort, Wohnungsverhältnisse können auf bestimmte seelische Konflikte hindeuten. Reich wird in den meisten Fällen die Ausbeute nicht sein, immerhin gibt sich auch hier manches zu erkennen. Man vergleiche z. B. den Körperhabitus mit der Art der Berufsarbeit. Ein grobes Mißverhältnis haben wir oft in einem Astheniker vor uns, der Schwerarbeit verrichten muß. Wichtig ist die durch äußere Not erzwungene Erwerbstätigkeit, die etwa einem gelernten Schneider zugemutet wird, wenn er sein Brot im Steinbruch verdienen soll. Manche Hinweise geben die besonderen Arbeitsbedingungen, wenn es sich etwa um sitzende Arbeitsweise, um ein gehetztes Arbeitstempo oder um starke geistige Anspannung handelt. Man denke auch an die Möglichkeit häufiger alkoholischer Exzesse bei Reisenden und Wirten. Beim Alter wäre das absolute mit dem relativen zu vergleichen, wie es sich in Aussehen und Haltung ausdrückt. Relative Jugendfrische und vorzeitiges Gealtertsein sind nicht nur in körperlicher Hinsicht, sondern auch in ihren psychischen Begleiterscheinungen als wertvolle „Symptome“ zu beachten. Man wird hinter ihnen zähe Leistungskraft oder Widerstandsschwäche vermuten dürfen, wobei das Maß der körperlichen oder seelischen Anforderungen des bisherigen Lebens als begünstigend oder belastend zu werten wäre. Als weitere bedeutsame Momente erwähne ich ferner eine große Kinderzahl oder ungewollte Kinderlosigkeit bei verheirateten Frauen, den ledigen Stand mit seinen mannigfachen Nöten, unerfreuliche Verhältnisse in großen Mietskasernen, die Tatsache der Abgeschiedenheit von der Welt infolge bestimmter örtlicher Verhältnisse usw. Auch Konfession und Rasse können bekanntlich zu Konflikten Anlaß geben.

Wenn wir in ihnen zu lesen verstehen, können uns auch die Personalien gewisse Hinweise geben, die für den Gang der Exploration bedeutsam sind.

2. Die funktionellen Beschwerden und ihre Entstehung.

Nach der äußeren Betrachtung, die unser ärztliches Denken über einen speziellen Fall in gewisse Richtungen zu weisen vermag, tritt ein Wissen in Kraft, das die *eigentliche Analyse* der nervösen Patienten leiten soll.

Als feste Basis haben wir hier die verschiedenen Möglichkeiten der Entstehung funktioneller oder nervöser Erscheinungen anzusehen. Mit ihnen wollen wir uns zunächst auseinandersetzen.

Oft sind es *harmlose Indispositionen*, die den ersten Anstoß zu den üblichen psychogenen Beschwerden bilden. Unser Körper funktioniert nicht immer reibungslos. Tage der Frische und des Wohlbefindens wechseln ab mit solchen, an denen wir uns müde und unbehaglich fühlen. Kleine Diätfehler, unzuträgliche Lebensführung, verkrampftes Arbeiten, verkürzter Schlaf usw. können daran schuld sein; auch Witterungsverhältnisse sind von Belang. Man bedenke die körperlichen Mißempfindungen bei Frauen während der Menses. Oft läßt sich kein eigentlicher Grund erweisen. Es treten gewisse Beschwerden auf, wie Kopfschmerzen, Schwindelgefühl, Herzklopfen, Verdauungsstörungen, Mattigkeit, Zittern, Schmerzen in den Gliedern oder gar im ganzen Körper. Und diese Beschwerden sind nicht der Ausdruck irgendeiner ernsten Krankheit, sondern im eigentlichen Sinne funktionell bedingt. Sie sind die Zeichen zu starker Belastung und Anspannung, denen objektiv kein erheblicher Befund zukommt. Sie werden erst zur Bedeutsamkeit für den betreffenden Träger erhoben, wenn sie eine psychogene Fixierung erfahren.

Menschen mit vegetativ labiler Konstitution, mit vasomotorischer Übererregbarkeit neigen ganz besonders zu solchen Indispositionen und lassen sich — das gehört ebenfalls zu ihrer Veranlagung — sehr leicht dadurch beunruhigen.

In anderen Fällen haben die funktionalen Beschwerden vorwiegend *psychische*, d. h. *affektive Gründe*. Unsere Affekte stellen nicht nur Erlebnisse innerer seelischer Spannungen und Entladungen dar, sie haben auch ihre Wurzeln oder Begleiterscheinungen auf somatischem Gebiete. Jeder kennt die Zugehörigkeit von Zittern, Schwitzen, Blaßwerden, Herzklopfen und Durchfall zum Erlebnis der Angst. Ekelgefühl geht mit Übelkeit oder Brechneigung einher. Lust oder Unlust sind von gesteigerter bzw. herabgesetzter Verdauungstätigkeit begleitet. Peinliche Situationen werden körperlich mit Erröten, gepreßter Atmung, mit dem Gefühl der Erschöpfung quittiert. Zornige Erregung ruft höchste körperliche Spannung und Entladungsbereitschaft hervor. Alle diese körperlichen Erscheinungen sind implizite im Affekterlebnis mit gegeben und nicht wegzudenken. Ihre Art und Form zeigt bei verschiedenen Menschentypen und auch bei denselben Menschen auf verschiedenen Altersstufen eine individuelle Note. Dem einen „liegt etwas schwer im Magen", dem zweiten „schlägt sich die Erregung aufs Herz". Bei anderen wird die Harnblase oder die Schweißsekretion betroffen. Es gibt in dieser Hinsicht bei einzelnen Menschen eine durchaus persönliche Achillesferse, eine *individuelle Ansprechbarkeit* oder *neurotische Anfälligkeit* bestimmter Organe, Organsysteme oder Körperbezirke für psychische Erregung.

Bei anhaltenden oder häufig sich wiederholenden Situationen affektiver Spannung manifestieren sich auch die körperlichen Zeichen zu Dauersymptomen. Sie besitzen sogar die Fähigkeit, wenn die betreffenden Affekte eine annähernde Beruhigung erfahren haben, Eigenlebigkeit zu entwickeln. Sie bestehen fort, obwohl die „pathogene" psychische Situation an Bedeutung verloren hat. Hier setzt dann die Besorgnis um Leib und Leben ein und hält die somatischen Begleiterscheinungen der abgeklungenen genetischen Affektivität mehr oder weniger lange fest.

Als dritte Möglichkeit wären endlich noch die Beschwerden zu nennen, die *ursprünglich* als *Zeichen echter organischer Krankheiten* aufgetreten sind. Mag es sich um einen ganz gewöhnlichen Schnupfen handeln, der Kopfweh machte, oder um eine Grippe, die allgemeine Mattigkeit, Schwächegefühl und Herzklopfen nach sich zog. Mag ein Unfall zu körperlichen Schäden geführt haben, die einige Zeit Beschwerden verursachen, oder eine Zerrung, ein „Hexenschuß", ein Rheumatismus, eine Ischias oder eine Neuritis vorübergehende Schmerzen bereiten. Ernstere Krankheiten nicht zu vergessen, deren Überwindung vom Organismus nicht selten viel Ruhe und Kraft verlangt. In solchen Fällen ist es oft schwer zu entscheiden, ob noch eine somatische Berechtigung für die Beschwerden vorliegt. Ein organischer Befund läßt sich vielfach nicht mehr erweisen und doch ist Vorsicht geboten; in der einen und der anderen Richtung. Langsam, unmerklich schleichen sich in gewissen Fällen psychogene Momente ein, welche die Beschwerden unterhalten. Mangelndes Wohlbefinden, das Bewußtsein ernster, wenn auch überstandener Krankheit schafft Mutlosigkeit und Verdruß, welche die Umstellung auf das Leben erschweren. Wie ein ängstliches Kind, das schüchterne

Gehversuche machte und zu Fall kam, schrecken diese Menschen davor zurück, sich wieder zu dem Gefühl der Kraft eines intakten Organismus durchzuringen.

Stets zeitigt das *Krankheitsbewußtsein* verderbliche Folgen. Der menschliche Organismus verträgt es nicht, wenn er sich in seinen Funktionen von der Warte des Ich aus beobachtet fühlt. Alle automatischen Körpervorgänge verlaufen für gewöhnlich ohne Störung, wenn wir uns nicht mit dem bewußten Willen auf sie einstellen. Die Selbstbeobachtung autonom verlaufender Funktionen ist das beste Mittel, sie zu stören. Bekanntlich vertreiben wir den Schlaf, wenn wir mit aktiver Anspannung ausdrücklich schlafen wollen. Viele Einschlafstörungen kommen dadurch zustande, daß sich die Betreffenden nicht dem Schlaf passiv „hingeben" können. Zweifelnde Selbstbeobachtung, ob sich etwa der Schlaf einstellt oder nicht, führt mit Bestimmtheit dazu, daß sich das Einschlafen mehr oder weniger lang verzögert.

Allerdings vermag Selbstbeobachtung an sich wohl noch keine Störungen hervorzurufen. Sowie sie aber mit dem Unterton der Angst und des Zweifels zusammenklingt, ist der Betreffende damit in die Gefahrenzone der *Hypochondrie* eingetreten. Kontrollieren wir in diesem Sinne unsere Herztätigkeit, sofort wächst die Pulszahl nicht unerheblich an, unter Umständen treten Gefühle der Beklemmung und leiche Arythmien auf. Stellt sich in Zuständen der Ermüdung und Abspannung Kopfdruck oder Schwindel ein, so sind dies durchaus harmlose Erscheinungen, die nach tiefem und erquickendem Schlaf wieder verschwinden. Lassen wir uns jedoch durch sie zu ängstlicher Selbstbeobachtung verleiten, so machen sie sich sofort in verstärktem Maße geltend. Auch ohne Hinzutreten von Angst kann sich ein belangloser Kopfdruck allein durch aufmerkende Hinwendung bis zu einem sehr lästigen Spannungsgefühl steigern. Werden dann noch entsprechende hypochondrische Befürchtungen wachgerufen, so ist damit die psychogene Fixierung eingeschaltet.

Das auf dem Wege der Selbstbeobachtung entstandene (oder wie wir später sehen werden, durch äußere Reize mobilisierte) Krankheitsbewußtsein stellt einen eigenartigen seelischen Zustand dar, den wir am ehesten mit den Begriffen quälender seelischer Hemmung und lähmender Niedergeschlagenheit umschreiben können. Vielfach leben sich die Betreffenden in ängstliche Unruhe und Erregung hinein, die keinen anderen Gedanken mehr aufkommen lassen als abenteuerliche, unheimliche Vorstellungen von Siechtum und Tod. Das Bewußtsein, ein schweres, unheilbares Leiden in sich zu tragen, beherrscht sie ganz und gar. Initiative, Energie und Aktivität sind ausgeschaltet, sie haben der hypochondrischen Selbsteinengung weichen müssen.

Manche, deren Krankheitsbewußtsein nicht sehr tief im Kern der Persönlichkeit verwurzelt ist, lassen sich leicht umstimmen. Sie sehnen sich nach Befreiung von dem Druck ihrer Befürchtungen und hören beruhigende Worte gern. Andere halten hartnäckig an ihrer Einstellung fest; sie vertrauen nicht leicht, sind ungläubig, wissen es besser als der Arzt, der ja ihre Beschwerden nicht fühlt und leicht über sie „hinwegreden“ kann. Ihre Angst wappnet sich mit scharfer Kritik, sie holen sich Rat bei diesem und jenem, es werden ihnen die verschiedensten Meinungen aufgetischt, wie es oft der Fall zu sein pflegt, wenn viele Ärzte konsultiert werden. Dadurch festigt sich ihr Mißtrauen nur noch mehr und mit ihm die hypochondrische Grundhaltung. „Mir hat bisher kein Arzt helfen können“, das ist ihrer Weisheit letzter Schluß, der ihnen nicht einmal zu verdenken ist. Im Laufe der Zeit gesellt sich in vielen Fällen zu dem Kummer über die „Krankheit“ ein gewisses Sensationsbedürfnis hinzu. Diese Menschen gehen mit ihren Leiden hausieren, kommen sich höchst interessant vor und lassen sich von der Mitwelt in ihrem tragischen Geschick bedauern und ein klein wenig bewundern. So haben sie wenigstens den einen Lustgewinn, daß ihre Hypochondrie ihnen nicht nur keine Mißbilligung, sondern ein leidliches Ansehen verschafft.

Krankheitsbewußtsein und Krankheitsbefürchtung ist ein Ausdruck der Lebensangst. Selbst mutigen und innerlich gefestigten Charakteren vermögen die Vorstellungen von Krankheit und Sterben lebhaftes Grauen einzujagen. Fehlt der Halt einer religiösen Bindung, kann nur ein blinder Lebenswille, die Resignation des Galgenhumors oder wohlgelungene Selbstdisziplin über die Klippe hinweghelfen. Es bedarf vielfach einer grundlegenden Umstellung in der Sphäre der Welt- und Lebensanschauung, um die Katastrophenstimmung der Lebensangst, alias Todesangst zu beseitigen. Dies kann nur bei gutem Willen des Patienten gelingen und bedarf unter Umständen eines erheblichen Aufwandes an seelischer Kraft. Starke Hindernisse stellen sich unseren Bemühungen in allen den Fällen entgegen, wo in das Krankheitsbewußtsein gewichtige Lebensinteressen mit einfließen.

3. Die wichtigsten Lebenskonflikte.

Von den drei Entstehungsmöglichkeiten nervöser Beschwerden können wir die harmlosen körperlichen Indispositionen und die ursprünglich organischen Krankheitssymptome im Rahmen unserer Ausführungen übergehen, da sie das Gesamtgebiet der somatischen Medizin betreffen. Um so wichtiger aber ist die Entstehung nervöser Beschwerden aus rein *psychischen Gründen*, die wir in den *Konflikten* des *Alltags* zu suchen haben.

Wer bei seinen Patienten die inneren Schwierigkeiten, durch welche sie sich belastet fühlen, aufdecken will, der muß die hauptsächlichsten Kategorien menschlicher Lebenskonflikte stets gegenwärtig haben.

Die Erfahrung lehrt, daß viele Menschen ihre Konflikte nicht sehen, nicht sehen wollen. Da ihnen zum mindesten die Beziehung zwischen Konflikt und Störung des Wohlbefindens unbekannt ist, so dürfen wir nicht erwarten, ohne eingehendes und planmäßiges „Ausfragen" etwas über die Psychogenese eines Krankheitsbildes zu erfahren. Oft genügt der Patient selbst den Anforderungen nicht, die wir an ihn stellen, man muß die objektive Anamnese, d. h. die Exploration von Angehörigen oder nahestehenden Freunden, zu Hilfe nehmen.

Aus der subjektiven und der eventuellen objektiven Anamnese schöpfen wir unsere Kenntnis des Entwicklungsganges, der charakterlichen Eigenart und der momentanen bzw. vergangenen Lebenssituation, aus der die Störung herausgewachsen ist.

Die planmäßige Exploration hat vor allem drei wichtige Lebensgebiete ins Auge zu fassen:

1. Die Berufsarbeit, Wahl und Ausübung des Berufes (Berufskomplex).
2. Die Beziehungen zu den Nebenmenschen (sozialer Komplex).
3. Die Beziehungen, die wir mit den Begriffen Liebe, Ehe und Familiengründung umschreiben können (erotischer Komplex, Familienkomplex).

Um sich die vielen Konflikte dieser drei verschiedenen Lebensgebiete in der Sprechstunde zu konstruieren, bedarf es einer gewissen kombinatorischen Phantasie. Wir wollen nicht alle Möglichkeiten aufzählen, die eventuell je einmal in Betracht kommen könnten. Es kann sich auch hier nur darum handeln, gewisse Richtlinien zu geben, die vor allem zu beachten sind. Wenn man es sich zur Regel macht, die Patienten danach zu fragen, was für Sorgen sie niederdrücken, mit welchen Schwierigkeiten sich ihre gedanklichen Grübeleien beschäftigen, welcher Kummer sie bewegt und nicht ruhen läßt, was für Wünsche unbefriedigt blieben, von welchen Hoffnungen sie träumen, was für Gegebenheiten des Lebens von ihnen besonders tragisch genommen werden, so wird man in den meisten Fällen zum Ziele finden, sofern überhaupt auf seiten des Kranken ein Wille zur Ehrlichkeit besteht. Kommen wir auf diesem Wege nicht weiter, so müssen wir versuchen, aus den Tatsachen der äußeren Situation selbst unsere Schlüsse zu ziehen.

Jedes Lebewesen wird von der Tendenz getrieben, sich zu behaupten, sich durchzusetzen, sich Geltung zu verschaffen, unter Umständen sich gegen fremde Eingriffe zu verteidigen oder aber bedrohlichen Situationen auszuweichen und sich gewissen Gefahren durch die Flucht zu entziehen, um wenigstens das Leben zu erhalten. Viele höhere Organismen, unter ihnen auch der Mensch, werden außerdem noch von Gemeinschaftsgefühlen geleitet, die sich als soziale Instinkte in den verschiedensten Varianten auswirken. Es sind die Triebe, welche die Menschen zusammenführen, daß sie sich gegenseitig helfen, Rücksicht aufeinander nehmen, sich Annehmlichkeiten erweisen, unter Umständen sogar unter selbstloser Nichtachtung eigener Interessen. Die hier nur ganz grob angedeuteten egozentrischen und sozialen Strebungen können elementar triebhaften oder mehr sublimierten Charakter haben, sie können auch nach Intensität verschieden stark ausgeprägt sein. Jedes Individuum stellt einen sehr komplizierten Aufbau aus allen nur denkbaren Trieben und Tendenzen dar, deren gegenseitige Bewirkung im Einzelfall schwer zu entwirren ist. Höchst verwickelt ist auch die Struktur des sexuell-erotischen Persönlichkeitskomplexes, der sich wieder aus bestimmten Momenten egozentrischer Art und aus solchen der persönlichen Hingabe zusammenfügt; abgesehen von den verschiedenen Partialstrebungen (Sadismus, Masochismus, Exhibitionstendenz, fetischistische Neigungen usw.), die in der normalen Sexualstruktur gleichsam als lustvolle Zutaten gegeben sind und erst im Zustand der besonderen Akzentuierung oder Ausschließlichkeit als sexuelle Perversitäten gewertet werden dürfen.

Konflikte treten dann auf, wenn das Individuum von irgendeiner Seite her eine Bedrohung oder Erschütterung seiner selbst erfährt. Sie kann von außen wirksam werden oder aber im Innern ihre Wurzeln haben, wenn etwa lebenswichtige Interessen, Wünsche und Hoffnungen von ichfeindlichen Regungen wie Selbstherabsetzung, Ichverkleinerung, Selbstschädigung, Selbstbestrafung (Buße, Sühne) unterdrückt bzw. in ihrer Entfaltung gehemmt werden sollen. Ichfeindlichkeit geht entweder aus den sozialen Tendenzen hervor, die in besonderer moralischer Empfindlichkeit (dem normalen Standpunkt) berechtigt erscheinende Egozentrizität als schuldhaft oder gefährlich verwerfen. Oder aber ist sie ein Ausdruck religiösen, kosmischen Erlebens furchtsam-erhabener Gebundenheit an eine höhere, in uns und über uns herrschende göttliche Macht, die Vergeltung übt für alles „Böse", das in uns wohnt. Auch hier ist als Vorbedingung ein besonders feines Ansprechen des Angst- und Schuldkomplexes erforderlich.

Für den Praktiker sind die exogenen Konflikte wichtiger als die endogenen, die stets dem Psychiater zugeführt werden sollten. Insbesondere haben die Schuldgefühle meistens eine für den Nichtfachmann schwer durchschaubare Psychogenese und zählen infolgedessen zu den Symptomen komplizierter Neurosen. Als exogene Konflikte bezeichnen wir solche, die zu einem wesentlichen Teil durch die äußeren Lebensbedingungen gegeben sind. Selbstverständlich zeigt auch der exogene Konflikt eine bestimmte psychische Disposition an, vermöge deren erst die Eigenart der Umwelt als ein Konflikt erlebt werden kann.

Greifen wir zurück auf die drei wichtigsten Lebenskreise. Die *Berufsarbeit* wird von den meisten Menschen, zum mindesten in dieser oder jener Hinsicht, als lästig empfunden. Viele verrichten widerwillig oder höchst gleichgültig mechanisch ihr Tagewerk und sind froh, wenn sie ihr Pensum erledigt haben. Diese Einstellung bildet sich leicht schon während der Schulzeit heraus, wo erstmals ein Pflichtenkreis dem Kinde entgegentritt, dem es sich nicht entziehen kann. Später wirkt sich der Ernst des Lebens um so schroffer aus. Die Aufgaben wachsen und zwingen den Menschen unentrinnbar fest in ihre Hand. Befriedigung schafft einmal die Leistung an sich; insbesondere dann, wenn sie schöpferische Qualitäten aufweist. Zum anderen die Tatsache, daß Arbeit ihren Lohn findet. Und zum dritten die Möglichkeit, daß durch vermehrte Anspannung die Leistung erhöht, der Verdienst gesteigert und evtl. ein Aufrücken, Aufstieg und Höherentwicklung erzielt werden kann. Abgesehen von der rein materiellen Not durch Arbeitslosigkeit, die bei differenzierten Menschen verheerende depressive Folgen hervorruft, sind mangelhafte Leistung, ihre Einschätzung in Form geringer Entlohnung, unerfüllter Ehrgeiz, versagte Geltung häufige Konflikte. Sie werden um so härter empfunden, je weniger der Betreffende die Ursache bei sich selbst zu suchen vermag. Sei es, daß ihm tatsächlich ein Unrecht geschieht, daß sich seinen Plänen und Wünschen unüberwindbare Hindernisse in den Weg stellen; sei es, daß er sich ohne objektiven Grund nur ungerecht beurteilt fühlt. Je nach der persönlichen Veranlagung ruft ein Versagtsein der beruflichen Entwicklungsmöglichkeiten Minderwertigkeitsgefühle, Mangel an Selbstvertrauen wach, oder zieht Verbitterung, Neid- und Haßgefühle gegen Menschen und Schicksal nach sich.

In manchen Fällen stellen die Anforderungen eines Berufes an die Begabung und Spannkraft oder an die körperliche Leistungsfähigkeit zu hohe Anforderungen. Die heutigen sozialen Verhältnisse drängen oft die Menschen in bestimmte Tätigkeiten hinein, denen sie aus irgendeinem Grunde nicht gewachsen sind. Im gleichen Maße kann auch der selbstgewählte Beruf zu einer Katastrophe werden. Die Berufswahl war verfehlt, sie widerspricht den Interessen oder den Fähigkeiten. Dieser Mißgriff läßt sich in der Regel nur in den ersten Jahren des Lehrganges wieder gutmachen. Später ist ein Wechsel meist nur schwer durchzuführen. Auch hier sind mancherlei Konfliktsmöglichkeiten gegeben. Dabei darf aber nicht übersehen werden, daß sich hinter der Abneigung gegen eine bestimmte Berufstätigkeit nicht selten die Abneigung gegen Arbeit an sich verbirgt, oder das Mißvergnügen an der Berufsarbeit unter ganz bestimmten, als ungünstig empfundenen Arbeitsbedingungen. Es ist eingehendes Befragen am Platze, damit wir uns nicht über den tatsächlichen Sachverhalt täuschen, weil der Kranke uns vielleicht absichtlich oder unbewußt eine unvollständige, d. h. falsche Darstellung gibt.

Die *Stellung* zu den *Nebenmenschen* stuft sich nach einer in unserem (und selbst im bolschewistischen) sozialen Organismus bestehenden Rangordnung ab. Sie hat zum Teil eine enge Beziehung zur Art der Berufsarbeit. Manche Konflikte des Arbeiters, Angestellten oder Beamten liegen in dem Verhältnis zum bzw. zu den Vorgesetzten. Hier ist Gelegenheit gegeben, sich gedrückt, schlecht behandelt, nicht genügend geachtet und anerkannt zu fühlen; gleich ob die Wesensart des Vorgesetzten dieses Gefühl provoziert durch schroffe Behandlung und mangelndes Verständnis, oder der Untergebene in dieser Beziehung besonders empfindlich reagiert. Der nicht in einen Angestellten- oder Beamtenorganismus eingespannte Bürger hat andere „Vorgesetzte“, auf die er zu achten und Rücksicht zu nehmen hat. Jeder Vertreter eines „freien“ Berufes hat seinen Klienten- oder Kundenkreis, dessen wohlwollende Kritik ihm am Herzen liegen muß. Nicht zuletzt ist auch der praktische Arzt darauf angewiesen, seine Qualifikation immer wieder von neuem zu erweisen, damit er sich seine Patienten und mit ihnen sein tägliches Brot erhält. Überall machen sich die Zeichen einer verschärften und dadurch höchst unerquicklichen Konkurrenz bemerkbar, die auch die Situation der freien Berufe sorgenvoller gestaltet, als es in früheren Zeiten der Fall war. Die vielseitigen Reibungsmöglichkeiten des täglichen Lebens werden von manchem spielend ertragen, die meisten leiden unter ihnen, ein gewisser Prozentsatz pflegt sie neurotisch zu verarbeiten. Wie oft hören wir in der Sprechstunde den Ausspruch: Dies oder das habe ich mir von meinem Vorgesetzten nicht gefallen lassen können; es hat mich so erregt, daß ich mich krank melden mußte. Relativ seltener machen die Untergebenen den Vorgesetzten zu schaffen, da diese in der Regel von ihrer gefestigten Position aus Machtmittel zur Verfügung haben, ihren Willen durchzusetzen. Doch können auch aus dieser Situation Konflikte erwachsen, die pathogene Bedeutung gewinnen.

Ein wesentlicher Teil der menschlichen Beziehungen ist auf offenen oder versteckten Kampf eingestellt. Jeder kämpft für sein Wohlergehen, ist auf die Geltung seiner Person bedacht. So sieht er sich dazu gezwungen, lästige und andere Zeitgenossen abzutun, sie zu entwerten, zum mindesten aber sie ein klein wenig zu ärgern. Der Kampf mit den Nebenmenschen spielt sich oft in den zartesten Nuancen konventionell sanktionierter Aggressivität ab, welche die bekannte Wirkung feinster Nadelstiche ergibt. Je gröber die Persönlichkeitsstruktur, desto massiver die Kampfmethoden. Das Lebensgefühl vieler Menschen zehrt von dem Machtbewußtsein, Schuldige oder Unschuldige herabsetzen, einengen, unterdrücken oder gar plagen und quälen zu können. Empfindliche, selbstunsichere, psychasthenische Naturen leiden unter diesem ewigen Geplänkel der verschiedenen menschlichen Egoismen ganz besonders. Schwache, Hilfsbedürftige und Einsame bedürfen des Haltes, den ihnen nur die Gemeinschaft mit liebevollen und gütigen Menschen geben kann. Diese Eigenschaften der Hingabe und Freundschaft können sich am leichtesten da entfalten, wo gemeinsame Interessen irgendwelcher Art zu Worte kommen, zum mindesten also keine Gegensätze vorhanden sind. Die Fähigkeit, unter Nichtachtung egoistischer Wünsche gleichsam sich selbst zu „opfern" und sich für Menschen oder Dinge einzusetzen, deren Wesen uns nicht sehr am Herzen liegt, ist nicht sehr weit verbreitet. Mag auch der gute Wille vorhanden sein, so darf man doch das Vermögen nicht zu hoch veranschlagen. Alle diese Einsichten sind den meisten selbstverständlich, sie ertragen sie, ohne ernstlich daran zu scheitern. Doch bieten sie für viele eine Klippe, an der ihr seelisches Gleichgewicht ins Wanken gerät, um sich dann in die Neurose zu flüchten.

Je intimer sich das Zusammenleben gestaltet, desto mehr häufen sich die Quellen persönlicher Empfindlichkeit. Ein Verkehr par distance ist vielen mit vielen Menschen möglich, wenn es auch hier schon bei hyperästhetischen Naturen zu mancherlei Ablehnung kommt. Weit geringer sind die Möglichkeiten einer erfreulichen Verbindung zweier Menschen, wenn es sich um *erotische* und *sexuelle Beziehungen* handelt. Der alte Satz, daß man diesen oder jenen Menschen nicht „riechen" kann, hat in dieser Sphäre einen tiefen und nicht immer nur symbolischen Wahrheitsgehalt. Wir lassen die Frage nach den Motiven der Ablehnung und der Zuneigung bewußt beiseite. Sie stellt insbesondere für die Beziehungen zwischen den Geschlechtern ein verwickeltes und schwer übersehbares Problem dar. Begnügen wir uns statt dessen mit den Tatsachen. Wir pflegen von manchen

Menschen zu sagen, daß sie in der Wahl ihres Ehegatten oder eines sonstigen Liebespartners instinktsicher gehandelt haben. Das soll nichts anderes heißen, als daß ihre Instinkte auf eine glückliche Objektwahl gerichtet waren. Instinktunsicherheit kommt dadurch zustande, daß die Instinkte von gewissen rationalen oder anderen Hemmungen durchkreuzt werden und infolgedessen ein nur teilweise „passendes" Resultat erzielen können. In vielen Fällen drängen die Instinkte auf die Wahl eines Partners, dessen Wesensart diese oder jene für ein ersprießliches Zusammenleben unbedingt erforderliche Qualität vermissen läßt; z. B. Mangel an Charakterfestigkeit, oder Unfähigkeit, sich im Lebenskampfe durchzusetzen. Von Instinktsicherheit können wir also nur in den Fällen sprechen, wo Instinkte insofern glücklich wirkten, als ihre Objektwahl nicht nur für die erotisch-sexuelle, sondern möglichst auch für andere lebenswichtige Sphären als günstig angesehen werden darf.

Die Unmöglichkeit erotischer oder sexueller Befriedigung schafft in den meisten Fällen, sofern überhaupt ein Bedürfnis, ein Trieb vorliegt, ernste Konflikte; gleich, ob innere Hemmungen oder äußere Schwierigkeiten im Wege stehen. Dies gilt sowohl für ein intimeres Zusammenleben der Geschlechter als auch für die Menschen, die aus Gründen innerer Hemmungen keine erotisch-sexuelle Gemeinschaft haben finden können (Onaniekomplex!). Tiefgreifende Dissonanzen, die das eheliche Zusammenleben betreffen, werden durch das Auseinanderklaffen von sexuellen und sublimierten erotischen Bedürfnissen geschaffen. Manche Menschen können beides nur an verschiedenen Objekten realisieren. Viele Frauen (seltener Männer) müssen in sexueller Beziehung als konstitutionell eingeengt bezeichnet werden, da sie nur ein bescheidenes Talent zur sinnlichen Liebe besitzen. Hier spielen auch Fragen der Technik eine nicht zu unterschätzende Rolle. Oft hört man in der Sprechstunde von den Frauen, sie könnten gern auf die Kohabitation verzichten. Ob nur bei diesem oder auch bei anderen Männern, bleibt in den meisten Fällen ungelöst. Vielfach gewinnt man allerdings den Eindruck, daß bestimmte abstoßende Eigenschaften des Mannes, körperlicher oder charakterlicher Art, die Sinnlichkeit des Weibes abtöten und nicht zur Entfaltung kommen lassen. Daß umgekehrt dann auch viele Männer unter der Frigidität ihrer Frauen leiden, ist selbstverständlich. Doch fühlen sich keineswegs alle dadurch negativ berührt; denken wir nur an die hartschlägigen, grobsinnlichen Naturen, denen rein sexuelle Entlastung genügt, und die zu seelischen Liebesregungen überhaupt unfähig sind. Schwierigkeiten in der Ehe gehen nur in einem Bruchteil der Fälle auf ein „böses Weib" oder einen „brutalen Mann" zurück. Je differenzierter der Partner, desto feiner und geringfügiger sind die Anlässe, die das Zusammenleben stören. Kleine Empfindlichkeiten können sich leicht zu einer Katastrophe auswachsen. Meistens tragen beide Teile die „Schuld". Das „Auseinanderleben" geht nicht selten auf eine Wesensänderung der Charaktere im Laufe des Lebens zurück. Ein wichtiges Moment bildet der psychologische Mechanismus des Abreagierens, der dazu verlockt, Ärger und Kummer irgendwelcher Art zu Hause im Familienkeise abzuladen und dadurch die Harmonie zu stören. Ein Wort gibt das andere, bis der „Krach" da ist. Es häufen sich die Szenen, so daß sich schließlich eine Daueratmosphäre der Spannung herausbildet. Sucht der Mann, wie so oft, Trost beim Alkohol, so verschärft sich damit in der Regel die Situation, da der Rausch nur selten die aggressiven Instinkte zu mildern pflegt. Vielfacher Art sind die Anlässe, die zum Ehebruch führen. Gewohnheit und Gewöhnung haben Abstumpfung zur Folge und suchen nach neuen, unbekannten Reizen. Oft wird dieser Reizhunger auch durch unerquickliche äußere Verhältnisse noch unterstützt.

Abgesehen von dem persönlichen Zusammenleben in der Ehe entstehen mit Gründung der *Familie* allerhand Pflichten, die erfüllt sein wollen. Der rauhe Alltag verlangt auch von der Frau in der Regel ein volles Einsetzen ihrer Persönlichkeit. Die Führung des Haushaltes ist ihr Beruf, oft muß nebenher noch andere Berufsarbeit bewältigt werden. Ihre ureigenste Bestimmung liegt in der Nachkommenschaft, in Pflege und Erziehung der Kinder. Schwangerschaft und Geburt bedeuten für viele eine harte Aufgabe, der sie sich kaum gewachsen fühlen. Nicht selten tragen daran unverständige Verängstigungen durch gewissenlose Nebenmenschen entscheidenden Anteil, oder wecken überstandene schwere Zufälle während der Phase der Schwangerschaft, des Geburtsaktes und Wochenbettes höchste Abneigung gegen eine Wiederholung, falls der Mutterinstinkt nicht stark genug ist, diese Hemmungen zu überwinden.

Liebe, Ehe und Freundschaft in ihrer besten Form schlingen zarte und feste Bande um die Menschen. Sie tragen vor allem auch zur Sicherheit des Lebensgefühls bei und heben den Selbstwert. Alle Schwachen sind auf diese Bindungen in besonderem Maße angewiesen. Um so mehr müssen sie sich entwurzelt fühlen, wenn das Schicksal mit kalter Hand die Fäden zerreißt. Sie stehen plötzlich allein da, des Haltes entblößt, der ihnen Stütze und Lebensinhalt war. In dieser Situation liegen die Motive zu den sog. „Entwurzelungsneurosen", welche den Verlust des inneren durch Verlust des äußeren Haltes zum Gegenstand haben.

Zu den Schwachen zählen auch die *Kinder*, deren Lebenssicherheit im Schoße der Familie ruht. Die Wesensart der Eltern, ihre Lebensgewohnheiten und soziale Stellung, das „Schicksal" der Familie drücken der kindlichen Entwicklung ihren Stempel auf. Das engere Familienleben mit den verschiedenen Nuancen des Gemeinschaftsgefühls und der Erziehung greifen in die Veranlagung des Kindes ein und graben tiefe Furchen in seine Seele, die für das spätere Leben ausschlaggebend sein können. Härte und Lieblosigkeit fordern im Charakter des Kindes Verbitterung und Haß bzw. scheues, ängstliches, verschlossenes oder gar mißtrauisches Wesen heraus. Verzärtelung begünstigt Schwäche und Faulheit, kann andererseits Machttrieb und Geltungsbedürfnis zu unheilvollen Gebilden anwachsen lassen. Konflikte entstehen auch hier durch die Reibungen mit der Umgebung, entweder im Kreise der Familie selbst (z. B. sich benachteiligt, zurückgesetzt fühlen im Vergleich mit Geschwistern) oder in den weiteren Regionen der Umwelt, die für das Kind vor allem in der Schule und dem Umgang mit Gleichaltrigen zu suchen sind. Psychogene Mechanismen sind gerade bei Kindern sehr leicht mobilisiert, und es bieten sich viele Möglichkeiten, sich den Anforderungen und Pflichten des jugendlichen Daseins zu entziehen. Sicherung und Flucht, Protest und Kampf stellen auch für das Gemüt des Kindes die wesentlichsten Extremeinstellungen dar, mit denen sich die Individualität zu wahren sucht. Wer in der Jugend allzusehr das Dienen und Sichbeugen lernen mußte, krankt daran vielfach sein ganzes Leben. In manchem wird dadurch Trotz und Oppositionslust gestärkt, andere werden das Gefühl der Minderwertigkeit nicht los und unterwerfen sich weiterhin, wenn auch mit innerem Widerstreben. Beide Einstellungen bergen Konfliktsspannungen in sich, die je nach Veranlagung recht verschiedene Wirkungen haben. Aus dem Gefühl der Minderwertigkeit erwachsen manche aggressive Charakterzüge (Schärfe, Tadel, Spott, Rechthaberei, Sichvordrängen, Zum-Worte-kommen-Wollen, Eigensinn, Neid, Ressentiment usw.), die ihrerseits wieder nur noch zu weiteren Schwierigkeiten im Verkehr mit der Umwelt führen.

Das neurotische Symptom, die nervösen Beschwerden wurzeln zugleich in der Lebenssituation und in der individuellen Erlebnisform. Die causa weist nach rückwärts und umfaßt die pathogenen Konflikte. Die Symptome sind Ausdruck der Konfliktssituation und zeigen in finaler Hinsicht die Tendenz an den Konflikten auszuweichen, zu entfliehen und dadurch eine Lösung mit untauglichen Mitteln zu erzielen.

Des Kampfes müde, der Sicherheit dem Leben gegenüber beraubt, ist der Neurotiker der vitalen Insuffizienz und ihrer Ausdrucksmittel ausgeliefert. Mag es sich um Vermögensverlust oder Arbeitslosigkeit, um Differenzen innerhalb der Beziehungen zu den Menschen oder erotische bzw. sexuelle Schwächen und Verpflichtungen handeln, stets bedient sich der Lebenswille der neurotischen Mechanismen zur Abwehr der drückenden Lasten, zur Rehabilitation des Selbstgefühls und zur Stützung des Geltungsbedürfnisses. Das Negativum wird durch die Symptome in ein „Positivum“ verwandelt.

Die *Verbindungen* zwischen *Motiv* und *Symptom* sind derartig vielgestaltig, daß wir kein typisches Schema dieser Beziehungen aufstellen können.

Ein Kind leidet an psychogenem Kopfschmerz, weil es den Schulaufgaben ausweichen will. Das gleiche Symptom kann auf den Wunsch zurückgehen, sich interessant zu machen, mangelnde Geltung oder gar fehlende Fürsorge und Liebe der Mutter zu erzwingen, gegen das Übergewicht eines der Geschwister zu protestieren oder sich dem lästigen Verkehr mit Kameraden zu entziehen.

Eine Frau bekommt anhaltende, psychisch bedingte menstruelle Blutungen, weil sie damit gleichsam dem sexuellen Verkehr ausweichen will. „Mir ist es ganz lieb, wenn ich blute, dann läßt mich mein Mann in Ruh.“ Dasselbe Symptom kann aber den Sinn haben, Schwierigkeiten beruflicher Art abzuwehren.

Der Komplex einer unglücklichen Ehe kann sich in den verschiedensten neurotischen Symptomen Luft verschaffen. Warum aber ist die Ehe unglücklich? Von der Seite der Frau betrachtet: Weil die Schwiegermutter ihre Grenzen überschreitet, weil der Mann sich grob und brutal benimmt, oder weil aus anderen Gründen die seelische Harmonie fehlt, weil der Coitus niemals oder selten zum Orgasmus führt, weil die Ehe steril blieb und der Ehegatte seiner Frau deswegen Vorwürfe macht, weil die Frau eine erneute Gravidität fürchtet und gar weil der Mann impotent ist. Wo kann die Wurzel der Impotenz liegen? Ejaculatio praecox: unter Umständen ein Ausdruck allzu großer Eilfertigkeit und Hast, die sich auch sonst im Leben ausprägt. Mangelnde Erektion: ein Symbol für den Zweifel am eigenen Wert, für ein labiles Selbstvertrauen oder Ausdruck der mangelnden Zuneigung, ja Ablehnung der Partnerin gegenüber; ein Symbol, das vor der sexuellen „Pflicht“ bewahrt usf.

Nur die auf reichhaltige Erfahrung sich gründende psychologische „Phantasie“ kann in vielen Fällen das Dunkel erhellen, welches die Psychogenese des Symptoms so häufig verschleiert.

4. Einige psychologische Gegebenheiten im Aufbau der nervösen Beschwerden.

Wenn wir nunmehr Sinn und Aufbau der nervösen Beschwerden noch ein wenig näher ins Auge fassen, so tauchen allerhand Fragen auf, die beantwortet sein wollen.

Konflikte, innere oder äußere Schwierigkeiten des Alltags haben mehr oder weniger alle Menschen zu bewältigen. Den meisten gelingt es, die Last der Konflikte zu tragen, ohne durch sie zu Fall zu kommen. Nur bei einem relativ kleinen Prozentsatz wirken sie sich im pathogenen Sinne aus und rufen eine Neurose oder nervöse Störungen hervor. Wir müssen die Gründe zu verstehen suchen, die diesen Vorgang leiten.

Was fehlt den Menschen, die neurotisch reagieren, so daß sie im Leben vorübergehend oder dauernd scheitern können? Es fehlt ihnen an *Kraft* und *Widerstandsfähigkeit.*

Widerstandsschwäche. Gesunde, kräftige, „vitale“ Menschen halten viel aus. Das Leben mag mit ihnen hart umspringen, sie zerbrechen dennoch nicht. Entweder sind sie mit Gleichmut und

Gelassenheit gewappnet und lassen sich durch nichts beirren. Oder aber sind sie echte Kampfnaturen. Ihre Seele kämpft, ohne die Waffen zu strecken und dem Druck der Belastung zu weichen; sie ringen sich durch. Mit einem gewissen Rechte sehen diese „Kraft"-Naturen auf alle Lebensschwächeren mit leiser Verachtung herab. Sie sind sich ihrer Stärke bewußt und ziehen aus dem Gefühl des Stolzes und der Überlegenheit immer wieder frische Reserven zu neuem Kampfe. Auch manche Ärzte neigen dazu, sich diesen Standpunkt zu eigen zu machen. Sie mögen ihn innerlich teilen, sie dürfen aber niemals mit ihrem gesunden Übergewicht die Schwachen schrecken. Das wäre ein grober therapeutischer Fehler.

Nicht alle Menschen, die ihren Mann stellen, sind derartige Kraftnaturen. Die Mehrzahl ist zwar den Unbilden schlecht und recht gewachsen, doch weniger weil sie das Leben im eigentlichen Sinne des Wortes meistern, sondern weil sie sich vor allzu heftigen Angriffen zu sichern wissen. Bedachtsam und mit vorausschauender Klugheit umgehen sie die ärgsten Gefahren und vermeiden die Konflikte, die ihre Schwächen aufdecken könnten. Von natürlichen Instinkten geleitet, haben diese Menschen das Talent, sich einen Platz im Leben zu schaffen, der ihrem besonderen Kraftmaß entspricht. Dabei ist es eine Frage von theoretischem Interesse, ob dieses Talent wirklich in der Fähigkeit eines ahnenden Gefühls oder mehr in rationaler Überlegung wurzelt. Mit diesen Waffen vermögen sogar widerstandsschwache Naturen den ihnen adäquaten sozialen Anforderungen zu genügen.

Das ärztliche Problem der *Widerstandsschwäche* beginnt da, wo die Menschen ohne ihr „Verschulden" durch einen unglücklichen Zufall bzw. durch eigene Schuld, d. h. unüberlegt, aus Selbstüberschätzung, Mangel an Initiative oder im Bereiche irgendwelcher triebhafter Bedürfnisse sich vor Situationen gestellt sehen, in denen sie leiden müssen oder gar zu versinken drohen. Der Lebenskampf in unserem Kulturkreis erfordert vor allem Klugheit, Tatbereitschaft und Kraft zur Verantwortung. Wer in diesen Punkten schwach ist (sei es konstitutionell oder situativ bedingt), schreckt leicht vor den Anforderungen des Lebens zurück und begibt sich dadurch in Gefahr. Mangel an Umsicht, an Kraft zur Tätigkeit und geringe Zivilcourage stellen die wesentlichsten Momente dar, in denen die Widerstandsschwäche der nervösen Patienten verankert ist. Sie bilden den ersten Anstoß zur sog. „Flucht in die Krankheit“.

„Tragische Sucht.“ Die Einstellung zu den Schwierigkeiten des Lebens, die den Weg zur Neurose weist, führt aber weit über die Widerstandsschwäche hinaus. Damit die konfliktsbedingten seelischen Erschütterungen nicht nur vorübergehend anhalten, sondern eine gewisse Zeit überdauern, sind noch andere Bedingungen erforderlich. Einmal die *innere Bereitschaft* zum *Leiden*. Sie kann gering sein, so daß es eines elementaren äußeren Anstoßes bedarf, um Leiden zu verursachen. Sie kann stark sein, und es genügen kleine Ursachen, großes Leid hervorzurufen. Aber sie muß vorhanden sein, damit überhaupt seelische Qualen entstehen. Zum anderen aber bedarf es der Fähigkeit zur *Katastrophenentwicklung*, die ich als *„tragische Sucht“* bezeichnen möchte. Wir fassen unter diesem Begriff alle Eigenschaften zusammen, die der Überwindung des Leidens ein Hindernis in den Weg legen. Menschen, deren Gefühlsleben auf einer soliden Basis ruht, werden, sobald sie seelische Qualen empfinden, ein lebhaftes Bedürfnis entwickeln, den betreffenden Konflikt zu verarbeiten, ihn beiseitezustellen oder sich über ihn zu erheben. Sie werden den Versuch machen, bei dieser oder jener Gelegenheit abzureagieren, sich Luft zu machen und damit den Leidenszustand zu beseitigen. Die anderen aber, die Neurotiker, leben sich mehr und mehr in ihre Konflikte hinein, sie grübeln und bohren immer tiefer, bis das Leiden sie ganz in ihren Klauen hält. Sie sind unfähig, die Schwierigkeiten wegzuräumen, den Knoten zu zerhauen. Vielfach scheint sogar die Tendenz zur Katastrophenentwicklung untermischt von gewissen Zügen masochistischer Lust. Regungen des Mitleids für das eigene Ich bringen Genugtuung für die Verkürzung an Lebensreizen. Und nur ein kleiner Schritt führt zu der Einstellung, bei der nächsten Umgebung Mitleid zu erwecken, unter Umständen sich an den Gesunden für die eigene Schwäche dadurch zu rächen, daß diese zu einem Mittel der Macht und des Herrschens ausgebaut wird.

Unterstützend für das Festhalten der Konfliktsspannungen wird bei vielen Neurotikern noch die Unfähigkeit zur Aussprache und zu anderen Äußerungsformen. Sie tragen die inneren Schwierigkeiten mit sich herum und müssen sich aus dem Grunde immer tiefer in sie vergraben, weil es ihnen nicht gelingen will, ihre Affekte nach außen abzuleiten. Durch die Aussprache findet in der Regel eine Objektivierung der Konflikte statt, so daß die Betreffenden größere Distanz zu ihrem eigenen seelischen Erleben gewinnen.

Ringbeziehungen. Da die nervösen Patienten nicht wegen ihrer Konflikte, sondern mit ihren Klagen und Beschwerden zu uns kommen, haben wir auch die Beziehungen zwischen seelischem Erleben und Störung des Wohlbefindens zu betrachten. Es handelt sich dabei um einen Lebensvorgang, der über unsere Frage hinaus umfassendere Bedeutung besitzt.

Vergegenwärtigen wir uns zunächst ein Beispiel, wie es häufig in der Sprechstunde vorkommt. Wir denken uns, es würden sich nach einer Grippe gewisse leichte körperliche Funktionsstörungen zeigen, die, anfänglich organisch bedingt, nunmehr „nur" noch als psychogen aufzufassen wären. Die psychische Wurzel wäre etwa so zu deuten, daß infolge der ursprünglich organischen Beschwerden lebhafte hypochondrische Befürchtungen eines ernsten Leidens wachgerufen wurden, die ihrerseits im Sinne der Fixation der Beschwerden fortwirken. Diese aber verstärken die Hypochondrie, die wieder die körperlichen Beschwerden steigert usf. Einen solchen Circulus vitiosus bezeichnen wir als Ringbeziehung. Dieser Begriff ist insofern wichtig, als er auch therapeutische Fingerzeige gibt. Es gilt in diesen Fällen, die Ringbeziehung zu durchbrechen, die „Verhakung" zu lösen. Das kann je nach dem von der körperlichen oder von der psychischen Seite her geschehen.

Zur Vertiefung unseres Verstehens dieser Ringbeziehungen möchte ich auch noch auf andere Beispiele hinweisen, die sich alle in einer derartigen „Wechselwirkung" ähnlich sind.

Wir stellen fest, daß alles Seelische in irgendeiner Form an körperliche Vorgänge gebunden ist, gleichermaßen ist auch das lebendige Soma ohne Psyche nicht denkbar. Beide Funktionen, die seelischen und die körperlichen, stehen zueinander in engster Wechselbeziehung. So sind z. B. Charakter und Temperament in weitgehendem Maße den Einflüssen des vegetativen Systems unterworfen, sie sind darüber hinaus abhängig vom gesamten Soma, von der Eigenart der Organe, der Organgewebe, der Zellen, den intracellulären Vorgängen und der besonderen Form des intermediären Stoffwechsels. Umgekehrt wissen wir, daß seelische Erlebnisse auch im körperlichen Geschehen ihren Ausdruck finden. Angst beschleunigt Atmung und Pulsfrequenz. Anhaltende und heftige seelische Erregungen können Basedowsymptome hervorrufen. Bei depressiven Zuständen liegen sehr vielfach die körperlichen, insbesondere die vegetativen Funktionen erheblich danieder, wenn wir nur an die bei Depressionen bekannten Störungen des Verdauungstraktus denken.

In derartigen *Ringbeziehungen* möchte ich ein wesentliches Kennzeichen des Organischen erblicken. Sie bestehen nicht nur zwischen der Schicht des Psychischen und des Somatischen, sie lassen sich auch in jeder dieser beiden Schichten für sich genommen aufzeigen.

Die bekannten Hormondrüsen gelten als Hilfsapparate des Nervensystems, sie müssen als Werkzeuge herhalten, mit deren Hilfe das Nervensystem bestimmte Wirkungen erzielt. Manche Hormone wirken ihrerseits wieder auf das Nervensystem zurück. Das Schilddrüsenhormon steigert die Ansprechbarkeit der Nervenapparate. Adrenalin hat eine Steigerung der Sinnesfunktion zur Folge usw.

In Analogie zu diesen Beispielen aus der rein körperlichen Sphäre können wir auch im Psychischen mannigfache Ringbeziehungen nachweisen. Die verschiedenen psychischen Regionen sind durch ständiges Wechselwirken miteinander verbunden. So pflegt ein depressiver Stimmungshintergrund die Gedanken in ihm entsprechende Richtungen zu lenken, woraus sich dann wieder eine Steigerung der schwermütigen Stimmung ergibt. Willensanspannung führt zum Ergebnis des Erfolges und damit zu einer Hebung des Selbstgefühls, dieses aber festigt den Willen und spornt zu neuen Leistungen an. Nicht selten entdecken wir Ringbeziehungen der folgenden Art: „Weil ich dich hasse, bin ich ein schlechter Kerl; weil ich ein schlechter Kerl bin, darum habe ich vor mir selbst ein Recht dazu, dich zu hassen.“ „Ich bin zu nichts zu gebrauchen, warum soll ich mich anstrengen; weil ich mich nicht anstrenge, darum bin ich ein Taugenichts.“ Mit diesen Beispielen haben wir Ringbeziehungen zwischen verschiedenen Höhenschichten in der Sphäre des Psychischen vor uns. Haß und Aggression oder Mangel an Tätigkeitsbedürfnis und Leistungsenergie müssen in eine tiefere Schicht verlegt werden als die Wertung: „Ich bin ein schlechter Kerl“ oder „Ich bin ein Taugenichts“. Derartigen Werturteilen liegt eine Art Spaltung zugrunde, in der sich das Ichbewußtsein dem übrigen Menschen gegenüberstellt und seine Zensuren austeilt. Ob in positivem oder negativem Sinne geurteilt wird, die höhere Schicht dirigiert die tiefere, diese wirkt sich hinwiederum in der höheren aus.

Besonders deutlich wird uns diese Tatsache auch bei dem Erlebnis des freien Willens vor Augen geführt, das wir wohl der höchsten psychischen Schicht zurechnen müssen. Der „freie Wille“ wird getragen von dem gesamten psychischen Unterbau, der in dem betreffenden Menschen wirksam ist, von seinen niederen Trieben und höheren Gefühlen, die den Motor des lebendigen psychischen Geschehens ausmachen. Über diesem Unterbau liegt die psychische Schicht der geistigen Strebungen und des Selbstwerterlebens. Das Erlebnis des freien Willens würde des Inhalts, der Richtung und Lebendigkeit entbehren, wenn es nicht von den tieferen Schichten Nahrung empfangen könnte. Doch greift es seinerseits in das Getriebe tieferer Schichten ein, um diese zur Ordnung zu rufen und ihnen eine von Lebensidealen bestimmte Führung angedeihen zu lassen. Wir können das Erlebnis des freien Willens nur verstehen, wenn wir eine *relative Selbständigkeit* einzelner, aus der Ganzheit des organischen Geschehens herausgestellter Regionen annehmen. Die Ganzheit baut sich auf aus einer Fülle von Elementen, die in verschiedenen Ordnungsstufen zu komplexen Einheiten zusammengeschlossen sind. Unter diesen bestehen komplizierte Beziehungen, die in der Form zu denken sind, daß in dem strukturellen Gefüge des Ganzen die einzelnen Teile über eine gewisse Selbständigkeit verfügen, die aber wieder von den Grundgesetzen der Ganzheit geleitet wird.

Selbstverstümmelung. Wenn wir nach Kenntnis der „tragischen Sucht“ und der Ringbeziehungen einen Neurotiker unter dem Gesichtswinkel der Icherhaltung und Selbstentfaltung, der Lebensfreudigkeit und des Lebensgenusses betrachten, so sehen wir, daß er sich selbst einengt, sich selbst lahmlegt, gleichsam „verstümmelt“. Er lebt sich selbst zum Verderben. Er belädt sich mit Angst, Mißmut, Gram, Kummer und Sorgen, er fügt sich selbst körperliches Unbehagen und Schmerzen zu, daß er seines Daseins nicht froh werden kann. Kurzum, er hat vom

Standpunkt der vitalen Selbstbehauptung keineswegs sein „Bestes“ im Auge, sondern setzt sich mitten in einer Katastrophe nieder. Wir wollen immer wieder an dieser Sinnwidrigkeit der Natur stutzig werden und vermögen uns nur mühsam Motiv und Bedeutung dieses „perversen“ Geschehens verständlich zu machen. Doch bietet die Normalpsychologie gewisse Analogien. Auch der nicht-neurotische Mensch hat Zeiten, in denen er sein Glück nicht zu erkennen vermag und blind in ein gelindes Verderben hineintreibt. Ungehemmte Leidenschaften, mangelnde Selbstbeherrschung, Aggressionen aller Art können sich zu erheblichem Schaden auswirken und höchst peinliche Konsequenzen nach sich ziehen, die oft schwer oder überhaupt nicht überwunden werden. Es ist kein großer Unterschied, ob ein „Normaler“ sich durch ein unbotmäßiges oder nachlässiges Verhalten um seine Stelle bringt, oder ob ein Neurotiker aus Gründen hypochondrischer Angst und entsprechender nervöser Beschwerden den Zugang zu seiner früheren Tätigkeit nicht finden kann. In beiden Fällen gipfelt das unzweckmäßige Verhalten bzw. die unvernünftige Einstellung in einer Selbstschädigung, die den Lebensinteressen aufs schärfste zuwiderläuft.

Selbsttäuschung. Damit wir die nervösen Patienten nicht mißverstehen, ihnen kein Unrecht tun, müssen wir uns noch einmal klarmachen, daß sie über ihre Wesensart, über den Sinn ihrer psychogenen Symptome und über deren Entstehung häufig in der primitivsten Selbsttäuschung befangen sind. Ja es kommen ihnen nicht selten sogar die Konflikte ihrer Lebenssituation nur dunkel zum Bewußtsein; zum mindesten sehen sie nicht, daß die Ursachen der Konflikte auch bei ihnen selbst, nicht nur in der äußeren Situation gelegen sind.

In dem Vorgang der Selbsttäuschung haben wir eine Eigenschaft vor uns, die bekanntlich zu den grundlegendsten menschlichen Eigentümlichkeiten zählt.

Das Wesen der Menschen ist in erster Linie Anmaßung, mag sie sich nur im innersten Herzensgrunde ein kleines besonderes Plätzchen reservieren, mag sie die Persönlichkeit derart erfüllen, daß sie auch nach außen hin deutlichen Ausdruck findet. Alles Leben drängt nach Entfaltung, psychisches Leben bedarf eines positiven Selbstgefühls. Und sogar die Menschen, die sich selbst erniedrigen, wollen erhöhet werden. Wer sich selbst verachtet,

achtet sich dabei immer noch als Verächter. Es gehört zu den üblichen menschlichen Gewohnheiten, die Nebenmenschen für Dummköpfe und schlechte Gesellen zu halten. Wir nehmen uns selbst wichtiger als die anderen. Und alle die, die nach außen bescheiden tun oder sich gar innerlich bescheiden fühlen, befriedigen auf diese Weise ihr Bedürfnis nach einer Ausnahmestellung. Kein Mensch vermag sich je ganz davon frei zu machen, daß die Sache, der er dient, besser sei als alles andere auf der Welt.

Wer tiefer denkt, weiß, daß er Nachsicht mit fremden Schwächen üben sollte, desgleichen ein wenig auch mit den eigenen. Doch nicht jeder verträgt es, die eigenen Schwächen überhaupt zu sehen und sich mit ihnen abzufinden. So greift er notgedrungen ohne Wissen und Wollen zu der segensreichen Einrichtung der Selbsttäuschungen, mit denen er die eigenen Mängel versteckt, um sie den Blicken seiner Selbstkritik zu entrücken. Die Lebenslüge ist der Ausdruck des erhaltenden Instinkts, der uns lehrt, unseren Unwert flüchtig oder falsch zu sehen. Für gewöhnlich vermag der Mensch nicht mehr an sich als seine Außenseite zu erkennen, und er ist gut gesichert gegen die Analyse der Hintergründe seines Wesens.

Wie schwer ist es, einem Kinde begreiflich zu machen, daß es für sein Mißlingen verantwortlich ist. So schwer, daß es viele Erwachsene niemals lernen, sich diese Erkenntnis zu eigen zu machen. Entweder sind zufällige Hindernisse oder gar Böswilligkeiten anderer schuld. Und selbst die wenigen Künstler der Selbsterkenntnis und Selbstkritik vermögen kaum zu allen Zeiten das ursprüngliche Bedürfnis zu bändigen, den Unmut über eigenes Versagen auf andere abzuleiten und durch vermeintliche Mängel der anderen zu motivieren. Wer sich über sich selbst ärgert, legt dieses anderen zur Last. Mangel an Erfolg und Anerkennung wird selten im eigenen Wesen gesucht, sondern auf Mißachtung und Feindseligkeit der Menschen zurückgeführt.

Krankheit als Sicherung. Innere Sicherheit ist die notwendige Vorbedingung, die eigenen Fehler mit einem gewissen Wohlwollen hinzunehmen und sich mit ihnen auszusöhnen. Je labiler das Gefüge des Charakters, desto mehr bedarf es gewaltsamer „Hilfskonstruktionen", um Defekte zu retouchieren, dadurch den schwanken Bau zu stützen und ihm den Schein der Festigkeit zu geben.

Wir sagen von manchen Menschen, daß sie aus der Not eine Tugend machen. Für die nervösen Patienten gilt eine Umwandlung dieses Satzes: Aus der *Not* eine *Krankheit* machen. Das Krankheitsbewußtsein des Neurotikers, aus Schwäche geboren, wird zum Deckmantel seines Selbstwertes.

Was wird alles als krank bezeichnet, als krankhaft empfunden? In erster Linie müssen Charaktermängel für das Krankheitsbewußtsein herhalten. Man fühlt sich lieber krank (neurasthenisch, psychopathisch) als schwach. Wer sich für schwach hält, trägt dafür selbst die Verantwortung, sofern er nur die Spur eines ethischen Ideals besitzt. Er müßte sich infolgedessen bemühen, die Schwäche zu überwinden, sich selbst zu erziehen und zu gestalten. Bequemer, angenehmer und weit einfacher muß es erscheinen, eine ärztliche Behandlung an sich vornehmen zu lassen, damit durch fremde Hilfe ohne eigenes Bemühen die krankhaften Erscheinungen beseitigt werden; so etwa, wie wenn man sich möglichst schmerzlos einen Zahn plombieren läßt. Unsicherheit des Auftretens, Minderwertigkeitsgefühle, „Hemmungen", „Lampenfieber", ängstliches Wesen, Neigung zu Affektausbrüchen und Undiszipliniertheiten, Mangel an Straffheit des Willens, Aufmerksamkeits- und Konzentrationsschwäche, Abschweifen der Gedanken, Ablenkbarkeit usf. All diese Eigentümlichkeiten, die in erster Linie als Symptome einer bestimmten Veranlagung, oft auch einer fehlerhaften Erziehung anzusehen sind, drängen sich den Neurotikern als lästige Störungen auf, mit denen sich ihr Selbstbewußtsein nur auf pathologischer Basis auszusöhnen vermag. Viele Menschen, die an ihnen leiden, nehmen sie hin, ohne eine tragische Angelegenheit daraus zu machen. Andere lernen es mit der Zeit, sich selbst und ihr Leben so einzurichten, daß sie sich kaum noch oder nur in geringem Grade belästigt fühlen. Nur die Verzagten, Unenergischen, Undisziplinierten glauben in ihnen etwas Krankhaftes oder gar eine ernste Krankheit zu sehen. Sie ziehen aus dem Glauben, daß ihre „Nervenkraft" für dieses Leben nicht ausreicht, die innere Berechtigung, sich gehen zu lassen und dem Versagen hinzugeben. Auch der körperliche Ausdruck des Versagens, die nervösen Beschwerden, so lästig sie empfunden werden, bringen andererseits

Gewinn. Die Patienten haben das Glück, nunmehr von sich sagen zu können, daß aus ihnen etwas geworden wäre, wenn nicht ... „Ich hätte so viel geleistet wie die Besten meines Berufes", wenn dieses oder jenes nicht gekommen wäre, „wenn ich nicht so schwache Nerven hätte". Moralisch getröstet, aber um so mehr hypochondrisch beunruhigt, wenden sie sich an den Arzt, der ihnen helfen soll. Die Kehrseite dieses Sicherungsvorganges liegt darin, daß die Verantwortungsentlastung durch das Krankheitsbewußtsein, wie wir schon hörten, die Empfindung der Defekte und damit die neurotische Gesamtsituation verschärft. Diese Einsicht ist den meisten nervösen Menschen nur schwer beizubringen. Und doch vermag man ihnen die Enttäuschung nicht zu ersparen, daß allein der Patient selbst die Not beseitigen, der Arzt ihm dazu nur seine unterstützende Hand bieten kann.

Milieuprovokation. Unter dem Schutze der Selbsttäuschung steht häufig noch ein anderer wichtiger Lebensvorgang, den wir Milieuprovokation nennen. Wir verstehen unter diesem Begriff die Tatsache, daß der Mensch, wie jedes andere Lebewesen, seiner Umgebung nicht nur rezeptiv und reaktiv gegenübersteht, sondern bewußt oder unbewußt seinen Wünschen, Bedürfnissen und Instinkten lebt, die ihnen gemäßen äußeren Bedingungen aufsucht, sie unter Umständen neu gestaltet, um seinen Trieben und Strebungen Erfüllung zu bieten. Nicht selten widerfährt es ihm dann, daß er insofern Irrwege geht, als er der Eigenart des von ihm selbst geschaffenen, d. h. provozierten Milieus nicht gewachsen ist und an ihm, mittelbar an sich selbst, erliegt. Wir haben dann eine Reaktion auf die ungünstige Milieuprovokation vor uns, womit nichts anderes gesagt sein soll, als daß der Betreffende an dem Mißlingen gleichsam selbst die „Schuld", für es selbst die Verantwortung trägt. Man wird auch sonst im Leben für Fehler und Irrtümer verantwortlich gemacht, die versehentlich, ungewollt oder unbewußt begangen wurden. Allerdings pflegen die Gerichte in solchen Fällen Milde walten zu lassen, während das Leben oft harte Strafen auferlegt.

Ein Kardinalbeispiel für die Milieuprovokation stellt jener Ressentimentstypus dar, der durch persönliche Unliebenswürdigkeiten und Schroffheiten im Verkehr mit den Nebenmenschen sich deren Sympathien verscherzt, so daß sie ihm mit gleicher Münze heimzahlen, zum mindesten sich ihm gegenüber reserviert verhalten bzw. sich ganz von ihm zurückziehen. Diese Situation, von ihm selbst geschaffen, aber nicht als provoziert erkannt, gibt ihm Anlaß, sich unglücklich, mißachtet, schlecht behandelt zu fühlen und über das mangelnde Interesse, über Charakterlosigkeit und Gemeinheit der anderen entrüstet zu sein. Er entlastet sich damit von seinen Fehlern und schiebt der Mitwelt die Verantwortung zu.

Dieser Vorgang spielt in den mannigfachsten Variationen für menschliches Erleben und menschliche Entwicklung eine ausschlaggebende Rolle. Praktisch bedeutsam sind z. B. die Fälle, in denen sich eine bestimmte Berufsatmosphäre als ungünstige Milieuprovokation erweist. Besondere Bedingungen der Berufssituation, die sich der Betreffende seit langem gewünscht und ersehnt hatte, sind insofern verhängnisvoll, als er unter ihnen leidet. Nicht immer werden Unzulänglichkeit und Minderleistung, übertriebene Empfindlichkeit, oder was sonst für Eigenschaften vorliegen mögen, als Grund eingesehen, sondern in der Regel auf die Eigenart der äußeren Umstände bzw. der Menschen, die in ihnen wirksam sind, der ursächliche Hauptakzent des Fehlschlages gesetzt.

Denken wir ferner daran, daß es uns im täglichen Leben schon bei harmlosen Kleinigkeiten im allgemeinen schwerfällt, uns unsere Schuld einzugestehen. Etwa, wenn man sich mit einem Messer schneidet, ein Glied anstößt oder stolpert. Wie leicht ist man dazu geneigt, die Tücke des Objektes zu strafen, anstatt sich an die eigene Nase zu fassen. So fügt man sich selbst auch im großen vieles zu. Mancher Berufsunfall (selbstverständlich nicht alle) kommt auf diese Weise zustande. Unvorsichtigkeit, Nachlässigkeit, mangelnde Abschätzung oder falsche Einschätzung der eigenen Widerstandskraft und Leistungsfähigkeit, auch Unlust und Müdigkeit oder Alkoholismus können eine Katastrophe schaffen, in der der Betreffende zu Schaden kommt. Sehr häufig müssen wir in einem Unfall den Ausdruck der allmählichen Leistungsabnahme des alternden oder die Folge innerer Hast und Unruhe des irgendwie seelisch belasteten Menschen erblicken. Die Provokation des Unglücks wird in diesen Fällen selten als solche erkannt. Der Unfall objektiviert sich als ein schicksalsmäßiges Geschehen, das den Betreffenden von außen bedroht, und die eigene Mitwirkung wird vergessen. Eine weit verbreitete und durchaus entschuldbare menschliche Eigenschaft, der auch von den Versicherungen Konzessionen gemacht werden. Immerhin sollte der einsichtige Arzt diesen Umstand bedenken und seine weittragende Bedeutung für die Psychologie erkennen.

Ausdrucksmittel der Täuschung. Und wenn wir uns die Möglichkeiten der Selbsttäuschungen noch einmal recht lebhaft vergegenwärtigen, so müssen wir zu der Erkenntnis kommen, daß außer vor Gericht wohl nirgends so herzhaft „gelogen" wird als im Sprechzimmer des Arztes, nur mit dem kleinen Unterschied, daß diese „Lüge" sich in der Regel unüberlegt, gleichsam selbsttätig einstellt, ohne gewollt zu sein.

Wir wissen, daß in allen Menschen das Bestreben wirksam ist, sich bei der Umgebung in ein möglichst vorteilhaftes Licht zu setzen, und zwar rücken sie jeweils ganz bestimmte Seiten in den Vordergrund, die ihnen besonders erstrebenswert oder auch zweckmäßig erscheinen. So pflegen auch viele Patienten in unserer Sprechstunde ein konventionelles Sonntagsgewand zu tragen, um zu einer bestimmten Meinung über sich zu verführen. In den meisten Fällen schaltet sich diese Maske unwillkürlich ein, vielfach so, daß die Betreffenden nachträglich nicht zu sagen vermöchten, welche Register „Es" in ihnen gezogen hat. Im Hinblick auf das alte Sprichwort vom „Gassenengel" und „Hausteufel" sollten wir über einen Menschen erst dann ein abschließendes Urteil fällen, wenn wir ihn in den verschiedensten Situationen kennengelernt haben.

Fassen wir in jedem einzelnen Falle den Wahrheitsgehalt der Äußerungen, die Frage der Echtheit des Verhaltens, scharf ins Auge. Je größer die Suada, je nachdrücklicher der Ton, desto verdächtiger der Inhalt. Echtheit und Offenheit kann sich schlichter Äußerungsformen bedienen. Unechtheit und mangelnder Wahrheitsgehalt bedürfen der scheinbaren Kraft des Pathetischen, um über ihre Schwächen hinwegzutäuschen. Der Schein mag das Sein verschleiern, niemals aber vermag er es zu ersetzen. Wer ungefragt und besonders eindringlich hervorhebt, daß er überaus gerne arbeite, daß er selbst an irgendeinem Geschehnis, an einer Situation unschuldig sei, der redet sehr häufig von Dingen, die wir ihm nicht glauben dürfen. Ich erinnere nur an die bekannten Äußerungen: „Ich habe mir nichts vorzuwerfen", oder „Ich habe mich ganz für meine Stelle geopfert, kein Wunder, daß man da krank wird". Alles Übertriebene, Übersteigerte, theatralisch Aufdringliche will sehr auf Echtheit geprüft sein. Die gleiche Vorsicht ist gegenüber jeder starren Verneinung naheliegender Motive, jeder unbeirrbaren Ablehnung auch der leisesten Einwände geboten. Es sollen hier meistens durch Vorbauen Dinge in Abrede gestellt werden, die sich dem objektiven Betrachter aus dem Lebensgang und den äußeren Verhältnissen klar ergeben.

Schulen wir unsere Sinne, unsere Beobachtungsgabe durch wohlwollendes Mißtrauen für alle die kleinen Ausdrucksmittel, die wider Willen der Patienten an ihnen Verrat üben.

5. Wesentliche Wurzeln des Krankheitsbewußtseins.

Laienpathologie. Als wichtige Ergänzung unserer theoretischen Darlegungen über das Wesen der einfachen Neurosen aus der allgemeinen Praxis haben wir ferner die Tatsache zu bedenken, daß es Laienmeinungen gibt, daß die Patienten selbst sich ganz bestimmte, für unsere Begriffe abwegige Anschauungen vom Krankheitsgeschehen bilden. Es wird keineswegs von allen Ärzten bedacht, welches Maß von Primitivität, Unkenntnis und Aberglauben in den Köpfen der Laien sein Unwesen treibt, wie seltsam sich vor allem die Ungebildeten und Unaufgeklärten ihren Organismus und seine Funktionen vorstellen.

Jeder Arzt hat auf Grund seines Studiums ein bestimmtes plastisches Bild von der Lage der Organe, ihrer Größe, dem Sinn und Zweck ihrer normalen Funktionsfähigkeit. Dieses Bild begleitet ihn durchs ganze Leben, leitet seine Untersuchungen und auch die tröstlichen Worte, die er seinen Patienten bietet. Ohne es zu wollen und zu beachten, setzt er vielfach auch bei seinen Kranken ein anatomisches und physiologisches Grundwissen als selbstverständlich voraus. Aber selbst jenen Laien, die über die Kinderschuhe allzu primitiver medizinischer Anschauungen hinausgewachsen sind, werden die inneren Zusammenhänge des organischen Geschehens in ihrem Körper meistens fremd sein und bleiben. *Ihre* Anschauungen sind für sie maßgebend, beeinflussen *ihre* Vorstellungswelt und rufen in *ihrem* Sinne psychogene Störungen hervor.

Eine Fundgrube laienmedizinischer Vorstellungen erschließt sich dem, der nach ihnen sucht. Man braucht nur zu fragen, was sich die Kranken über das Wesen ihrer Beschwerden für Gedanken gemacht haben. Viele lassen sich nur nach Durchbrechung lebhafter Sperrungen dazu herbei, ihr Inneres zu offenbaren. Sie genieren sich, ihre Anschauungen zu unterbreiten, weil sie dunkel fühlen, sie könnten vielleicht etwas „Dummes" gedacht haben. Andere wieder besitzen Selbstbewußtsein genug, um ihre Meinung zu vertreten, ja sie lassen sich garnicht darin beirren. Auf jeden Fall sollte es den Arzt interessieren, was in der Seele seiner Patienten vorgeht. Es ist förderlich für die genetische Erfassung, für den Aufbau des Krankheitsbildes und somit auch heilsam für den Patienten, wenn wir diesen analytischen Weg beschreiten, der in der Praxis nach meinen Erfahrungen sehr häufig nicht begangen wird.

Eine Fülle falscher und abenteuerlicher Gedanken enthüllt sich uns, wenn wir die Einstellung des Laien zu den Sexualvorgängen ins Auge fassen. Wie häufig bildet der natürliche Vorgang der Pollutionen eine Quelle der Beunruhigung. Er wird entweder als Ausdruck einer Geschlechtskrankheit, zum mindesten aber im Sinne des Verlustes kostbarer Kraft gedeutet, der mit der Zeit sogar das Rückenmark angreifen kann. Mit ähnlichen Vorstellungen ist die Onanie belastet, die nicht nur das Rückenmark, sondern womöglich auch noch das Gehirn, d. h. die geistige Leistungsfähigkeit, schwächt und untergräbt. Die Vorstellung der moralischen Verwerflichkeit verbindet sich hier mit der Idee, der Körper sei so eingerichtet, daß etwas „Unmoralisches" unerbittlich mit körperlicher oder geistiger Krankheit geahndet wird. Der Onanist, der unter seinem „Laster" leidet, weiß eine Unzahl von Beschwerden und Störungen (Kopfschmerzen, Schwindel, mangelnde Konzentrationsfähigkeit, Ermüdbarkeit, Ejaculatio praecox, Impotenz usw.) aufzuzählen, in denen er Folgeerscheinungen der unnatürlichen Betätigung zu sehen glaubt. Die „Sünde" wider die Natur kann und darf nicht ungerächt bleiben, die Körperfunktionen stehen im Dienste der strafenden Gerechtigkeit eines unversöhnlichen Gottes.

Manche irrtümliche laienmedizinische Kombinationen kommen dadurch zustande, daß die Menschen eine entfernte Ahnung von der Lage und Funktion der Organe besitzen und bestimmte, in entsprechenden Körperbezirken auftretende Sensationen mit diesen Organen in Beziehung setzen. Schmerzen im Rücken oder im Kreuz gehen nach weitverbreiteter Laienmeinung vom Rückenmark aus, dieses aber weckt Befürchtungen der Lähmung und des Siechtums. Müdigkeit oder Zittern der Glieder werden ebenfalls und im gleichen Sinne auf das Rückenmark zurückgeführt. Schmerzen oder andersartige Empfindungen auf der linken Brustseite weisen auf eine Störung am Herzen hin, hinter der das Gespenst von Herzschlag und Tod lauert. „Kopfbeschwerden" der verschiedensten Art müssen notgedrungen mit dem Gehirn zusammenhängen. In diesem aber ist der Sitz der Seele und des Geistes, vor deren Störungen sich jeder unheimlich fürchtet. Es könnte sich unter Umständen Eiter (z. B. nach Stirnhöhleneiterung oder einem Zahngeschwür; „der Eiter zieht sich hinauf in den Kopf") oder ein Geschwür (Geschwulst) im Gehirn bilden, und solche Krankheiten sind in der Regel unheilbar und tödlich. Den meisten Laien ist es bekannt, daß einem „Gehirnschlag" als Vorboten Kopfschmerzen und Schwindelerscheinungen vorausgehen können. So muß es denn nur allzu natürlich erscheinen, daß sie bei ähnlichen Beschwerden ständig den Tod oder eine Lähmung vor Augen haben. Vielfach gibt auch der Schlaf Anlaß zur Besorgnis. Unruhiger Schlaf und ängstliche Träume lassen das Gefühl der Frische und Erquickung am Morgen vermissen. Warum sollen aber „böse" Träume (die es gibt, solange Menschen existieren) etwa nicht in den Tag hinein nachwirken und die Stimmung verderben. Dies wird von vielen schon als Zeichen einer Schlafstörung aufgefaßt, die der Behandlung bedarf. Es ist aber eine Tatsache der ärztlichen Erfahrung, daß bestimmte Menschentypen in ihrem ganzen Leben niemals das Gefühl des Wohlbefindens in den ersten Morgenstunden kennenlernen; zum mindesten dann nicht, wenn die Arbeit auf sie wartet (ein Tag, der Vergnügen bringt, wird häufig auch nach kurzem Schlaf frisch begonnen). Viele sind gegen Abend frischer und leistungsfähiger als morgens, ohne daß sich dagegen viel tun läßt. Längeres Wachliegen vor dem Einschlafen oder zu frühes Erwachen gibt noch mehr zu denken, und je mehr es zu denken gibt, desto intensiver tritt es in Erscheinung. Harmlose und ernstere Störungen des Schlafes gelten als schwerwiegendes Moment, da sie an der Körperkraft zehren und die Nerven aufreiben. Der Begriff

Nerven aber hat einen schlechten Klang, da er auf alle Fälle etwas Schreckliches in sich birgt. Nervenzerrüttung = Seelenzerrüttung, ein Wegweiser ins Irrenhaus.

Als Ausdruck eines ernsten Nervenleidens werden noch andere harmlose und sehr verbreitete Erscheinungen aufgefaßt, wie z. B. hypnagoge Sensationen im Sinne des bekannten „schlag"-ähnlichen Gefühls, das den ganzen Körper blitzartig durchfährt, oder eingeschlafene Glieder infolge von Haltungsanomalien. Die berüchtigte neurotische Vergeßlichkeit, die fast immer nur bestimmte Situationen oder Gebiete betrifft, ruft vielfach die quälende Befürchtung eines unheilbaren Gehirnprozesses wach, anstatt daß die Betreffenden sie mit schlichten Hilfsmitteln (Notizbuch, Zettel) wettzumachen suchen. Ein anderer Typus der „Vergeßlichkeit" bedient sich allerdings der Notizen. Nicht aber, um auf diese Weise den täglichen Aufgaben gerecht zu werden, sondern um dem Arzte die Fülle von Beschwerden fein säuberlich unterbreiten zu können, „damit sie ja nichts auslassen". Daß diese Demonstration wie jede andere zu werten ist, versteht sich von selbst.

Wir müssen uns in jedem Falle auf die Bildungsstufe unseres Patienten stellen, wenn wir ihre Vorstellungswelt begreifen wollen. Dann wird es uns nicht verwunderlich erscheinen, daß z. B. ein Patient mit Blepharospasmus befürchtet, blind zu werden, oder daß ein harmloser Hautausschlag mit „geschlechtskrank" gleichgesetzt wird.

Wenn wir die Vorstellungswelt unserer Patienten nicht kennen, machen wir Fehler in der Behandlung und können ihnen nicht helfen. Für viele ist es wichtig zu wissen, daß der menschliche Organismus in seinen Funktionen organisch intakt sein kann, obwohl sich für kürzere oder längere Zeit Beschwerden bemerkbar machen. Ohne unsere Aufklärung können sie es nicht wissen. Nicht jede Störung ist Ausdruck einer Krankheit im eigentlichen Sinne, mag sie noch so viel Unbequemlichkeiten mit sich bringen. „Woher kommt denn das alles?" Die häufige Frage, wie die „nervösen" Beschwerden ursprünglich entstanden seien, wird besser gar nicht in breitester Weise erörtert, wenn die Ursache nicht klar auf der Hand liegt. Stellen wir Fragen, welche die Genese betreffen, so hat dies in möglichst unauffälliger Form zu geschehen, so daß der Patient dadurch nicht beunruhigt wird.

Gelingt es uns nicht, zum Ziele zu kommen, so ist an sich der Schaden nicht groß; es bleibt ein unbedeutender, also verzeihlicher Kunstfehler. Trösten wir uns und auch die Patienten damit, daß wir ja auch bei uns selbst die Ursache harmloser Beschwerden keineswegs immer ergründen können. Wir haben uns vor allem für den aktuellen Aufbau des neurotischen Krankheitsbildes zu interessieren. Hinsichtlich der primären Genese müssen wir uns häufig mit dem Aufzählen von Möglichkeiten begnügen, ohne uns festzulegen.

Das Milieu. Die Ansichten der Laien über Krankheiten und ihre Behandlung spielen noch im anderen Sinne für die nervösen Patienten eine nicht zu unterschätzende Rolle, wenn wir bedenken, daß er als Glied einer sozialen Gemeinschaft auch von den Ansichten der Mitmenschen in seinem Denken beeinflußt wird.

Jeder Mensch ist von seiner Umgebung abhängig und kann sich nur mit einem gewaltsamen Sprung über sich selbst frei machen von den Meinungen, die seine Angehörigen, die guten Freunde und Nachbarn zum Ausdruck bringen. Es ist uns vor allem wichtig, was die Nebenmenschen von *uns* denken; ja, wir haben sehr häufig das Gefühl, ihnen Rede und Antwort stehen zu müssen für unsere Worte und Taten. Wie oft fragen wir uns im stillen, was wird dieser oder jener denken, wenn er erfährt, daß wir etwas versäumt oder unternommen haben? Mag diese Frage auch mit Widerstreben gestellt sein, mit dem „stolzen" Gefühl, daß wir keinem Menschen Rechenschaft schulden. Wir können ihr nicht ausweichen. Wirkliche innere Freiheit und Sicherheit gegenüber der Zensur unserer Mitwelt ist zwar ein erstrebenswertes Ziel, das jedoch die wenigsten erreichen. Wir denken hier nicht nur an das Extrem der ewig Schwankenden und Unentschlossenen, die ohne Ratschläge und praktische Hilfe ihrer Mitwelt den Halt im Leben verlieren und Schiffbruch leiden. Auch andere pflegen zum mindesten vor ernsten, schwerwiegenden Entscheidungen die Meinungen der ihnen nahestehenden Nebenmenschen zu hören und sich von ihnen bewegen zu lassen.

Aber: „Wer lang fragt, geht lang irr." Dieses alte Sprichwort verdient es, befolgt und beherzigt zu werden. Und doch ist es bei den wenigsten Menschen echter Wahrheitsgehalt. Wir dürfen uns selbst und andere damit trösten, daß wir in der Regel derartige Sprüche im Munde führen, jedoch dazu verdammt sind, weniger von ihnen zu lernen, als stets wieder die gleichen Fehler zu machen und alte Weisheiten von neuem zu entdecken, ohne sie voll und ganz in uns aufzunehmen.

Tritt in einer Familie ein Krankheitsfall auf, so wird von diesem Ereignis ein größerer Kreis von Menschen (die engere Familie, ihre Freunde und Bekannten) irgendwie berührt. Mag es mehr Sensationsbedürfnis oder wirkliche innere Anteilnahme sein, das Interesse der anderen wird geweckt und führt zwangsläufig dazu, daß die Angelegenheit besprochen wird. Und viele fühlen sich dazu berufen, einen Rat zu geben. Nicht selten fordern die Wahl des Arztes, häufiger seine Verordnungen zur Kritik auf. „Man" hält sich für verpflichtet einzugreifen („Ich an deiner Stelle . . ."), man hat doch mit ärztlichen Kuren und mit den Ärzten seine Erfahrungen gemacht, die man schon aus Gründen eigener Gewichtigkeit an den Mann bringen muß („dieser Arzt hat unseren Jungen ganz falsch behandelt"). Jeder Ratgeber hat wohl das Beste im Auge. Mancher von den guten Freunden und Nachbarn weiß, was er täte, wie er es besser machen würde, und ist vielleicht sogar ein wenig entrüstet, wenn seine Ansicht nicht berücksichtigt wird. Er bedenkt nicht, daß er Beunruhigung schafft. Vielfach haben dann die nächsten Angehörigen oder gar der Kranke selbst in solchen Situationen einen schweren Stand, sich in ihren Entschlüssen, im Selbstvertrauen und im Vertrauen zu ihrem Arzte nicht erschüttern zu lassen. Nicht alle bringen die Kraft auf, sich zum eigenen Wesen zu bekennen und mutig so zu handeln, wie sie es für richtig halten. Weiß doch jeder Krankenhausarzt davon zu berichten, daß immer wieder gegen ärztlichen Rat und für den Patienten höchst verderbliche Frühentlassungen von den Angehörigen gleichsam erzwungen werden, an denen im Grunde Verwandte und Freunde die Schuld tragen.

Weit schlimmer noch als wohlgemeinte Ratschläge wirken sich vor allem auf die Psyche der Kranken die Bemerkungen aus, welche Laien über die festgestellte Krankheit in ihren weisen Reden mit einfließen lassen. Wie oft mag die Bemerkung fallen, wenn ein Kranker von seinen Beschwerden erzählt: „Ja, das ist ein böses Leiden; bei meinem Onkel fing es gerade so an, nach 3 Wochen war er tot." Oder andere Weisheiten, die so manche

Laien eilfertig dem armen Kranken zu präsentieren wissen. Man kann sich den Unsinn, der unter Laien über medizinische Dinge gesprächsweise kolportiert wird, wohl nicht grotesk genug ausmalen. Und diese Tatsache haben wir als bedeutsamen Faktor der Genese bzw. Fixation nervöser Beschwerden stets in unsere ärztliche Überlegungen einzusetzen.

Nicht minder wichtig in seinen psychischen Auswirkungen ist das engere häusliche Milieu. Ein Krankheitsfall (und sei es nur ein psychogener) bringt Angst und Sorge mit sich; insbesondere dann, wenn es sich um etwas Ernstes handelt. Und noch nach Wochen und Monaten darf der von „Toten erstandene" Patient es hören, was er durchgemacht, und wie man um ihn gebangt hat. Schon während des Krankenlagers muß selbstverständlich die angstgeschwängerte Atmosphäre auch dem Patienten zum Bewußtsein kommen. Sie ist so recht dazu geeignet, seine Gedanken in hypochondrische Bahnen zu lenken. Jeder Arzt hat sich über die Art und Wirkung eines derartigen häuslichen Milieus klar zu sein. Nicht selten haben wir die Wurzeln für psychogen-hypochondrische Beschwerden und Störungen bei den nächsten Angehörigen zu suchen. Dies gilt nicht nur für die Psyche der kindlichen Patienten, auf die Unruhe und Nervosität der Mutter ihre ungünstigen Wirkungen selten verfehlen. Auch viele Erwachsene werden irgendwie von Hoffnungslosigkeit und ernsten Befürchtungen ihrer Umgebung ergriffen.

Psychische Aufmunterung und Erfrischung ist vor allem in der Phase der Rekonvaleszenz so überaus wichtig. Nicht immer stellt sich dann in der Familie eine natürliche Freude über die Genesung ein. Oft wirft der überstandene Schrecken noch längere Zeit seine düsteren Schatten hinter sich und führt dem Genesenden immer wieder eindringlich vor Augen, daß sein Leben an einem Faden hing. Der Patient braucht nur entfernt zur hypochondrischen Lebensunsicherheit zu neigen, um den Klageruf seiner Angehörigen: „Wenn nur nichts zurückbleibt", automatisch, ohne es zu wollen und zu wissen, wahr zu machen. Ursprünglich berechtigte, objektive Beschwerden wandeln sich auf psychogenem Wege in subjektive funktionelle Symptome um und lassen lange Zeit, unter Umständen Jahre lang, das alte Wohlbefinden nicht wieder aufkommen. Daß auf diese Weise z. B. manche Unfallneurosen zustande kommen, ist eine dem Neurologen geläufige

Erfahrung. Oft ist die Ehefrau der schuldige Teil, der die Neurose des Mannes unterhält.

Steht einmal bei dem Patienten und seinen Angehörigen fest, daß wohl oder übel „etwas zurückbleiben“ wird, so stellen sich zwangsläufig Vorstellungen ein, die in die Zukunft weisen. Was wird werden, wenn der Familienvater seine Arbeitsfähigkeit nicht wieder erlangt? Das Gespenst der bitteren Not taucht auf und zwingt zur Abwehr. Es bedarf keiner besonders beweglichen Phantasie, um die Tendenz zur Lebenssicherung in jene Tür zu weisen, durch welche die verschiedenen Möglichkeiten der Sozialversicherung zu erreichen sind. Daß diese Tendenz nicht selten auch zu moralisch verwerflichen, die Gemeinschaft schädigenden Mitteln greift, darf nicht wundernehmen, wenn man die Seele der Menschen in all ihren Irrwegen verfolgt. Häufiger noch kleidet sie sich in den Mantel subjektiver Ehrlichkeit und Wahrhaftigkeit und sucht sich damit einem moralischen Werturteil zu entziehen.

Fahrlässige Seelenverletzung. Während wir den Laien den Satz zugute halten dürfen, daß sie nicht wissen, was sie tun, darf diese Entschuldigung für ärztliches Denken und Handeln nicht gelten.

Nach gewissen Erfahrungen könnte man auf den Gedanken verfallen, daß manche Ärzte Sinn und Bedeutung ihres Handelns darin sehen, in erster Linie ihren Patienten Angst zu machen. Sie gehen gedankenlos mit der Seele ihres Mitmenschen um und geben ihr herzhafte Fußtritte; sie mögen sich dabei wohl sehr gelehrt und bedeutend vorkommen. Gedankenlosigkeit ist ein typisches Symptom der werktätigen Berufsarbeit, die in unserer heutigen eiligen Zeit von den meisten mehr oder weniger automatisch-mechanisch erledigt wird, werden muß, wenn nicht der einzelne im Strudel der Hetzjagd untergehen will. Auch die Überlegten und Besonnenen begehen gelegentlich Gedankenlosigkeit und richten dadurch Schaden an. Immerhin sind sie sich ihrer Fehler bewußt und werden jede Entgleisung dazu benützen, an ihr von neuem Selbstbesinnung und Selbstbestimmung zu schärfen. Die anderen sind unbewußt fahrlässig, deswegen aber um so gefährlicher.

Wer als Arzt im Umgang mit Patienten zu allen Zeiten bedenkt, daß die meisten Menschen sich vor Krankheit und Tod höllisch fürchten, wird sich stets auch darüber klar sein, wie leicht man die Seele der Menschen beunruhigen kann. GOETHE schreibt in seinem Westöstlichen Diwan (Buch der Sprüche):

„Wofür ich Allah höchlich danke?
Daß er Leiden und Wissen getrennt.
Verzweifeln müßte jeder Kranke,
Das Übel kennend, wie der Arzt es kennt."

Gedankenlos ist es und roh zugleich, die Seele der Patienten mit ärztlicher Wissenschaft, diagnostischen Überlegungen und Unsicherheiten zu beschweren, die nur den Arzt interessieren sollten. „Der Arzt hat gesagt, es sei der Sympathicus." Mit solchen und ähnlichen Reklameschildern reisen nicht wenige Patienten durchs Leben und kommen sich dabei sehr krank und gleichermaßen wichtig vor. Was fängt ein Laie damit an, wenn man ihm sagt, er habe eine „vegetative Neurose"; was mag er sich wohl darunter vorstellen? Oder: „Sie haben zu wenig Blut." Eine schlimme Diagnose, da sie meistens nicht zutrifft. Welche Frau hört es gern, daß sie an einer „Eierstockschwäche" leidet; sie fühlt sich in ihrer Frauenehre verletzt und hat ein Recht darauf, hypochondrisch zu werden. Welcher Unfug wird mit den Diagnosen „Gebärmutterknickung" oder „Eierstocksentzündung" getrieben. Besonders menschenfreundlich wirkt die Redensart: „So etwas sollte nicht wieder vorkommen, sonst könnte es schlimm gehen"; in der Regel mit einem Ton des leisen Vorwurfs gesagt, als ob der Patient sich Mühe geben sollte, zukünftiges Kranksein zu vermeiden.

Muß es unbedingt einer Mutter gesagt werden, daß sich nach dem Keuchhusten ihrer Kinder Tuberkulose entwickeln könnte? Oder geht es etwa nicht an, einem Patienten mit hohem Blutdruck zu verschweigen, daß ihn eines Tages (wenn überhaupt) der Schlag trifft; dadurch, daß man ihm sagt, er dürfe sich nicht bücken und müsse sich vor jeder kleinsten Anstrengung hüten, ist für sein Wohlbefinden nicht gut gesorgt.

Besonders interessant sind die Fälle, wo etwa eine Lungenentzündung ohne Untersuchung gewissermaßen durch Fernblick festgestellt wird, und dann, da es sich vielleicht um eine Grippe handelt, innerhalb von 2 Tagen ausheilt. Oder wenn ein Arzt irgendeinen Patienten, den er auf der Straße trifft, mit verschiedenen hellseherischen Diagnosen bewirft, die alle bei seinen

Beschwerden in Betracht kommen *könnten*: „Ohne genaue Untersuchung kann ich das nicht feststellen, kommen Sie in meine Sprechstunde!“ Bis dahin hat der Patient Zeit, sich die verschiedenen Möglichkeiten seines Leibschadens gründlich zu überlegen.

Auch in Kliniken und Krankenhäusern wird oft viel zuviel am Krankenbett geredet. Selbst lateinische oder sonstige fremdsprachliche Berichte der Assistenten können nicht davor schützen, daß der Patient, der auf alle Fälle sein Ohr spitzt, manches „aufschnappt“ und richtig oder falsch versteht. Er deutet Mimik und Gestik, welche die Reden begleiten, und denkt sich sein Teil, häufig zur Beunruhigung seiner Seele. Nur wenige Patienten fühlen sich durch den feierlichen Ernst einer klinischen Visite in ihrem Selbstgefühl gehoben.

Um einem Neurotiker zu sagen, was ihm fehlt, bedient man sich als Arzt oft des Begriffes „Nerven“ in irgendeiner Form. Es heißt dann „nervenkrank“, „nervenschwach“, „zarte Kopfnerven“; man spricht von „zerrütteten Nerven“, von einem „Nervenzusammenbruch“, von einem „nervösen Herz- oder Magenleiden“, der „zweite Herzton ist etwas nervös“ usw. Während der Arzt meint „nur“ Nerven, faßt der Patient diese Begriffe in der Regel anders auf, nämlich im Sinne einer bedrohlichen Krankheit. Daß er an den Nerven leidet, ist für ihn eine ernste Warnung; wie wir schon hörten, gleichbedeutend mit einer drohenden Geistesstörung. Er lebt fortan in der Furcht, noch den Verstand zu verlieren und womöglich als unheilbar in einem Irrenhaus zu landen. Oder er vergißt von der Diagnose eines nervösen Herzleidens den Zusatz nervös und glaubt an eine organische Herzerkrankung. Zum mindesten hat er das Gefühl, daß am Herzen irgend etwas nicht stimmt, und diese Vorstellung genügt unter Umständen, um ein erhebliches Krankheitsbewußtsein zu erzeugen und längere Zeit zu unterhalten.

Der Arzt muß alles tun, um ein solches Mißverständnis zu vermeiden. Sehen wir unsere Schuld nicht zu groß. Viele Patienten *wollen* uns mißverstehen. Sie können nicht anders, als harmlosen Äußerungen einen tragischen Sinn zu geben; aus dem Gefühl der Angst heraus oder auch weil sie am Kranksein interessiert sind. Immerhin werden viele Fehler gemacht, die darin bestehen, daß sich die Patienten im Rahmen ihrer Verstehensmöglichkeiten in ängstlichen Vorstellungen verfangen müssen. Wenn wir ihnen medizinische Sachverhalte auseinandersetzen wollen, so müssen wir in einer Sprache reden, die sie begreifen können. Wir müssen unseren Worten außerdem noch einen Ton verleihen, der keine Besorgnis erregt, sondern Beruhigung schafft. „Bedeutsame", d. h. meistens dunkle, mit Fachausdrücken gespickte Reden sind unbedingt zu vermeiden. Sie sollen imponieren und ein überlegenes Wissen markieren, was in unserer heutigen Zeit vielleicht einzelnen primitiven Bauerngemütern gegenüber am Platze sein mag, im großen und ganzen aber als ein Kardinalfehler verurteilt werden muß. Der Arzt soll imponieren, aber mit anderen Mitteln als mit den Methoden des Scharlatans. Ruhiges Auftreten, sicherer Takt und psychologisches Verständnis; das sind unnachahmliche ärztliche Tugenden, gleichermaßen wichtig wie die feste, sichere Hand, mit der ein Chirurg das Messer führt. Es hüte sich jeder Arzt davor, daß sich bei ihm die Meinung einschleicht, die Psyche sei ein normiertes Gebilde, von dem man absehen könne, da ja das Somatische auf alle Fälle den Ausschlag gibt. Hüte er sich vor Mißachtung oder gar roher Mißhandlung dieser Seele, ohne andererseits in den Fehler mitleidsseliger Verweichlichung zu verfallen.

6. Zwei Grundpfeiler der „Rentenneurose“.

Das Kausalitätsbedürfnis. Mehr oder weniger schwerwiegende Differenzen zwischen Arzt und Patient können sich dann ergeben, wenn wir irgendwelchen Behörden über seine Krankheit, vor allem über die Genese seiner Beschwerden Rede und Antwort stehen müssen. Die Ursachenlehre der Krankheiten, wie sie in den Köpfen der Laien spukt, ist wesentlich anders orientiert als das Wissen des Arztes.

Wenn wir uns fragen, mit welchem Rechte die Patienten sich eine Meinung über die Entstehung von Krankheiten, d. h. über ein Gebiet, erlauben, von dem sie strenggenommen doch nichts verstehen, so haben wir zu antworten, daß sie damit nur einem allgemein menschlichen Bedürfnis folgen, dem auf gehobener Stufe die Gesetze der Kausalität entspringen. Hätte der Mensch dieses Gesetz nicht erfunden, würde er sich gleichsam selbst aufgeben müssen. Es ginge ihm das Bewußtsein der Herrschaft über die Naturgewalten verloren, und er müßte zurücksinken in jenen Zustand primitiv-animistischer Weltanschauung, wie wir sie bei allen Naturvölkern finden.

Die Kausalität baut auf der Empirie auf; ihre Beziehungen sind unheimlich verwickelt, so daß selbst ernste, gediegene, vorsichtig überlegende und bedächtig schließende Forschernaturen zu schiefen Resultaten gelangen können. Wieviel größer noch müssen sich die Täuschungen auswirken, die dem Durchschnittsmenschen bei seinen „empirischen“ Beobachtungen, bei seinen Lebenserfahrungen unterlaufen. Das auch ihm innewohnende Kausalitätsbedürfnis vergewaltigt (von einer höheren Warte aus gesehen) die Naturtatsachen, deren Ordnung und Funktion jeder nach dem Maße seiner Erkenntnis und seines Horizontes versteht. Eine alte Erfahrung begreift die Tatsache, daß diese Vergewaltigung der Naturtatsachen eine um so schroffere Form annimmt, je geringer das Bildungs- und Persönlichkeitsniveau eines Menschen einzuschätzen ist. Weise, abgeklärte Naturen fühlen sich als Empiriker zur Bedenklichkeit verpflichtet, sie sind sich der ungeheuren Schwierigkeiten, die das Naturgeschehen bietet, bewußt und wagen erst dann einen Satz der Erfahrung auszusprechen, wenn sie Kühnheit und Übermut überwunden haben. Sie wissen, daß die Verlockung übereilter Schlußfolgerungen in dieser Bedenklichkeit ihren Meister finden muß.

Die meisten Menschen bilden sich ihre Anschauungen über Leben und Tod und über das zwischen diesen beiden Polen eingespannte Geschehen, ja über den Lauf der Welt insgesamt, nach ihren Bedürfnissen, ohne eine tiefere Einsicht und Kritik aufkommen zu lassen. Bedenklichkeit ist für sie ein störender Faktor im Lebenskampf. Je fester das theoretische Gefüge ihrer Meinungen, desto leichter können sie bestehen. So verlangt es die Sicherung gegenüber der erdrückenden Fülle eines ewig wechselnden, in seiner Mannigfaltigkeit unübersehbaren Naturgeschehens. Auch bedeutende Forscher neigen vielfach dazu, auf den ihrer Arbeit fernstehenden Lebensgebieten ihre wissenschaftlich kritische Begabung wie ein lästiges Berufswerkzeug aus der Hand zu legen und sich unbekümmerten Laienmeinungen zu ergeben.

Diese psychologischen Tatsachen müssen wir berücksichtigen, wenn wir verstehen wollen, welche Vorstellungen über Wesen und Entstehung von Krankheiten in den Gemütern der Laien ihr Unwesen treiben. Der Mensch ist von Natur aus gesund und ohne Fehl. Abnormitäten und Krankheiten werden von außen in ihn hineingetragen, sie greifen wie ein böser Dämon in die Funktion des Organismus ein, verursachen Störungen oder ernste Katastrophen, die zu vermeiden wären, wenn man den äußeren Feind beseitigen könnte. Ohne es zu wollen, ist die Mehrzahl unbewußt der Überzeugung verfallen, als ob ein Säugling mit der Tatsache seiner Geburt das Recht auf eine gesunde und ersprießliche Entwicklung erworben habe. Ungern verstehen sich sogar gebildete Laien zu der Erkenntnis, daß Mißwachs und Krankheit zum Leben gehört wie Altern und Tod. Die Tatsachen der Vererbung, der erblichen Belastung, der sog. endogenen Entwicklungsstörungen sind für die meisten ein unerträgliches Schreckgespenst, vor dem sie am liebsten die Augen schließen, um ihm zu entrinnen. So muß es denn nur allzu verständlich erscheinen, wenn etwa die Angehörigen von erblich Geisteskranken völlig an der Tatsache vorbeisehen, daß sie eine erbliche Belastung aufzuweisen haben. Und dies ereignet sich häufiger als man glauben möchte.

Auf jeden Fall neigt die Mehrzahl der Laien der Ansicht zu, daß die Ursachen von Krankheit in *äußeren Schädlichkeiten* zu suchen sind. Diese „Lehr“meinung spielt in der Genese der sog. Rentenneurosen eine hervorragende Rolle.

Wie oft haben wir Ärzte in der Zeit nach dem Kriege den Ausspruch hören müssen, daß „es sich irgendwie rächen muß, wenn man 4 Jahre im Feld war“. Diese Laienlogik scheitert auch nicht an dem Einwurf, daß es bei den Frauen eine Fülle von Krankheiten gibt, die schlechterdings mit den Strapazen des Felddienstes nichts zu tun haben können.

Oder: „Kein Wunder, daß meine Kinder nervös sind, wo ich doch im Kriege soviel habe durchmachen müssen.“ Gegen diesen Satz fruchten die wissenschaftlichen Erfahrungen über nervöse Veranlagung bei Kindern in der Regel nicht viel. Und der durchsichtige erbbiologische Zusammenhang zwischen der nervösen Konstitution des Vaters, der im Felde neurotisch reagierte, und den nervösen Symptomen bei seinen Kindern will in den meisten Fällen dem Laien wenig einleuchten.

Es soll gewiß nicht bestritten werden, daß, abgesehen von den Kriegsverletzungen, auch die Strapazen des Kriegsdienstes manche vorübergehende oder gar dauernde Schäden nach sich gezogen haben. Für gewöhnlich aber wurde dem Kriege, selbst von den Versorgungsbehörden, weit mehr in die Schuhe geschoben, als sich vor dem ärztlichen Denken verantworten läßt. Nicht etwa nur bei jenen Krankheiten, deren Entstehungsbedingungen noch im Dunkeln liegen, sondern auch bei vielen ätiologisch geklärten Krankheitsbildern. Man kann es den Laien, die um ihre materielle Sicherstellung kämpfen, nicht verdenken, daß sie in der Not nach einem Strohhalm greifen, ja ihn unter Umständen aus ihrer Phantasie heraus konstruieren, um die Kausalität mit dem Kriege herzustellen. Aber auch viele Ärzte lassen sich durch eine menschlich verständliche, aber sachlich falsche Mitleidseinstellung den Patienten gegenüber zu schiefen Auffassungen verleiten, die der wissenschaftlichen Kausalität ins Gesicht schlagen.

Beschränken wir uns auf die *psychische Sphäre*, und fassen wir einmal die Wirkungen ins Auge, welche den Kriegserlebnissen zuzuschreiben sind. Nervöse Beschwerden, seelische Alterationen, hysterische Mechanismen (Lähmungen, Anfälle, Dämmerzustände) bildeten im Kriege keine Seltenheit. In den meisten Fällen verschwanden die krankhaften Symptome mit der Gewißheit, daß die Betreffenden in Zukunft von dem Frontdienst verschont bleiben würden. Die Umwandlung von k. v. in a. v. konnte Wunder wirken. Vielfach mußten allerdings massivere Behandlungsmethoden angewandt werden.

Allen psychogenen Krankheitserscheinungen der genannten Art liegt eine bestimmt geartete Reaktionsbereitschaft zugrunde; sie sind ohne diese nicht denkbar. Ob wir diese Bereitschaft (Disposition) als psychopathisch bezeichnen, spielt eine nebensächliche Rolle. Gleichgültig für ihr Vorhandensein ist auch die Frage, ob sie sich schon vor Beginn des Krieges im sozialen Leben irgendwann einmal manifestiert hatte oder nicht. Wichtiger muß die Tatsache erscheinen, daß die Fixierung psychogener Symptome durch bestimmte seelische Strebungen bestimmt wird. Während des Krieges war es der Wunsch, dem Frontdienst, d. h. der Angst, dem Druck und der Spannung, welche die Situation der ständigen Bedrohung von Leben und Gesundheit mit sich brachte, zu entrinnen. Diese Tendenz, deren Auswirkung vielfach eine starke Auflockerung und Erschütterung des seelischen Gefüges vorausging, konnte nur von gewissen Menschentypen für längere Dauer festgehalten werden. Und zwar in erster Linie von solchen, die dem eigenartigen Charakter der Fronterlebnisse keinen oder nur einen schwachen „moralischen" Widerstand entgegenzusetzen vermochten. Darüber ist kein Wort zu verlieren, daß die Anforderungen des Krieges mit denen des sozialen Lebens nicht zu vergleichen sind, daß infolgedessen auch von der sozialen Tüchtigkeit nicht auf die Fähigkeiten zum Frontsoldaten geschlossen werden darf; ebensowenig wie umgekehrt. Es gibt die Eigenschaft der Zivilcourage, die nichts mit dem Mut vor dem Feinde zu tun hat.

Das „Entrinnen" oder die „Flucht in die Krankheit" ist, wie wir wissen, keineswegs so zu deuten, als ob das Motiv dem Neurotiker klar bewußt gewesen wäre. Selbstverständlich spielte auch Simulation in manchen Fällen eine Rolle, die Regel war sie nicht. Vielmehr müssen wir annehmen, daß das Motiv des „Entrinnens" durch subjektiv ehrliches Krankheitsbewußtsein verdeckt und deshalb um so krampfhafter festgehalten wurde.

Psychogene Symptome haben stets einen tendenziösen Unterbau. Und wenn es sich nur darum handelt, daß einer Frau der Schrecken in die Glieder fährt vor dem Gebell eines „scheußlichen“ Hundes, der dem unangenehmen Hausbesitzer gehört. Er will angeblich die Frau aus dem Hause treiben. Und jetzt geschieht es ihm ganz recht, daß die Frau eine Lähmung hat.

In allen Fällen, wo die psychogenen Erscheinungen nach Beendigung des Krieges nach kürzerer oder längerer Zeit nicht zur Ruhe kamen, konnte das Motiv des „Entrinnens“ vor den Aufgaben der Front nicht mehr wirksam sein. Statt dessen traten andere Beweggründe ein. An erster Stelle steht hier das Bewußtsein, im Felde einen Schaden, und zwar einen dauernden Schaden, davongetragen zu haben. Hypochondrische Befürchtungen waren bei keinem Kriegsteilnehmer zu vermissen, der nach dem Kriege noch an psychogenen oder hysterischen Störungen litt. Dazu kam bei vielen ein Gefühl, wie wir es bei der querulatorischen Einstellung finden. Ein Gefühl des Unwillens, unerträglichen Anforderungen gegenübergestanden zu sein und vor ihnen versagt zu haben. „Ich habe den Krieg nicht gewollt, jetzt sollen die für mich sorgen, die daran schuld sind.“ Querelen der wirtschaftlich Schwachen, die sich für ihr soziales Verkürztsein an den Reichen zu rächen suchten; denn diese hatten angeblich ein Interesse daran, den Krieg anzuzetteln. Unterstützt durch Hetzreden geschickter Vertreter, die sich in durchaus falschem Mitleid (keineswegs immer aus Eigennutz) auch dieser sog. „Kriegsopfer“ annehmen zu müssen glaubten. Endlich das Motiv, aus Gründen der Krankheit vor den Schwierigkeiten des sozialen Lebens ausweichen zu können. Das eine „Entrinnen“ wurde durch ein anderes abgelöst. Sämtliche Beweggründe weisen mit dem Kriegsdienst nur einen sehr mittelbaren Zusammenhang auf, so daß man nicht mehr von Ursache und Wirkung im eigentlichen Sinne reden kann.

Noch weniger aber trifft dies zu, wenn erst einige Jahre nach Beendigung des Krieges psychogene Störungen erstmals auftauchten oder sich in ähnlicher Form wie während des Krieges von neuem manifestierten. In solchen Fällen wurde und wird in der Regel ein großer Apparat aufgeboten, um den Zusammenhang mit dem Kriege als glaubhaft zu erweisen. In welchem Maße hierbei der wissenschaftlich haltbaren Kausalität gewissermaßen „durch die Finger gesehen“ wird, das vermag nur der Begutachter zu ermessen. Die ganze Skala der von uns entwickelten neurotisch-psychologischen Mechanismen wird uns hier greifbar vor Augen geführt, nicht minder auch die Gefahr falschen ärztlichen Denkens und Handelns. Wissenschaftliche Untersuchungen haben erwiesen, daß in diesen Fällen stets ein primäres Versagen im täglichen Leben vorliegt, dessen Wurzel in den verschiedensten Lebensgebieten liegen kann; in der Regel in der Berufstätigkeit. Umstellung der Betriebe, geringe Leistungsfähigkeit, Mangel an Arbeitstempo, kurzum verminderte Konkurrenzfähigkeit oder auch unverschuldete Betriebseinschränkungen waren meistens die Ursache der Rentenanträge. Durch die drückende soziale Situation wurden alte Beschwerden belebt oder neue ins Leben gerufen, teils als Ausdruck des Versagens, teils aber auch zu seiner Verschleierung. Die Unfähigkeit wurde nicht bei der eigenen Leistungsschwäche gesucht, sondern in äußeren Ursachen. Und der Situation der seelischen Not lag nichts näher, als auf den Krieg zurückzugreifen und ihn für Versagen und höhere Schicksalsgewalt im sozialen Leben verantwortlich zu machen. So konnte nicht nur das Selbstgefühl eine Stütze finden, sondern auch das Bedürfnis nach materieller Sicherung erfüllt werden.

Als Illustration möchte ich ein Beispiel anführen:

Ein ursprünglich selbständiger Konditor sah sich im Jahre 1924 durch wirtschaftliches Unglück gezwungen, Arbeit in einer Schokoladenfabrik aufzunehmen. Die erforderliche Umstellung wurde von ihm als ein schweres Mißgeschick sehr lebhaft empfunden, und es kostete ihn von Anfang an erhebliche Überwindung, „durchzuhalten“. Der Mann besaß nur geringe Widerstandskraft, und so begann er schon nach einigen Wochen zu verzagen und mehr und mehr zu versagen. Es stellten sich Beschwerden ein, so daß er sich nach Ablauf eines halben Jahres schließlich krank melden mußte (allgemeine Müdigkeit, „Schlaffheit“ und Schmerzen in den Beinen). Unerklärlicherweise wurde ihm durch ärztliches Zeugnis bescheinigt, daß er an einer Erkrankung der „Rückenmarksnerven“ leide, obwohl gleichzeitige Untersuchungen durch Fachärzte die fraglos psychogene Natur der Beschwerden festgestellt hatten. Weiterhin wurde ihm in dem gleichen ärztlichen Zeugnis bescheinigt, daß seine Beschwerden vom Kriegsdienst herrühren würden; mit der Begründung, daß er schon im Kriege an ähnlichen Beschwerden, wie Müdigkeit usw., gelitten habe. Die Tatsache, daß er jahrelang gesund und arbeitsfähig gewesen war, fand keine Erwähnung. Dieser Patient hat heute (1931) eine schwere, sicher nicht organische, sondern rein psychogene Gangstörung. Die Idee, daß er an einer Erkrankung seiner „Rückenmarksnerven“ leidet, ist bei ihm fest fixiert. Wer will ihm dies übelnehmen, da ihm ja diese Diagnose ärztlich testiert wurde. Wer will ihm ferner verdenken, daß er mit subjektiv ehrlicher Überzeugung um eine Kriegsrente kämpft. Wurde ihm doch ärztlicherseits ebenfalls der Zusammenhang seines „Leidens“ mit dem Kriegsdienst nahegelegt und damit seinem Kausalitätsbedürfnis Genüge getan.

Die Gangstörung besteht seit über 6 Jahren und hat im Laufe der Zeit als Begleitsymptom des Rentenkampfes immer groteskere Formen angenommen. Das Lebensglück des Mannes ist auf Jahre hinaus zerstört. Er ist voll und ganz von dem Streben beherrscht, sein durch den Krieg verursachtes, tatsächlich aber erst vor 6 Jahren entstandenes psychogenes Symptom durch behördliche Bewilligung einer Rente sanktioniert zu sehen. Dann erst wäre sein Kausalitätsbedürfnis, das hier auch ärztlicherseits in falsche Bahnen gelenkt wurde, befriedigt. Es enthebt ihn zugleich dem Eingeständnis der eigenen Schwäche, des Versagens in seiner Berufsarbeit. Da aber die Bewilligung einer Rente unter den gegebenen objektiven Tatsachen nicht möglich ist, wird er sich durch den unabweisbaren ablehnenden Bescheid in die Rolle des zu Unrecht Benachteiligten, des bemitleidenswerten, schlecht behandelten Kriegsopfers hineinleben und um so weniger sich zu einer Einstellung bekehren, die einer Besserung bzw. Heilung des psychogenen Symptoms günstig wäre.

Wie bei den Kriegsneurosen, so helfen oft auch bei anderen Rentenneurotikern Laienpathologie und ärztliches Unwissen zusammen, um eine schiefe Kausalität aufzubauen. Sie leistet der Selbsttäuschung des Kranken Vorschub und läßt ihn dunkle Irrwege gehen, auf denen er an Leib und Seele empfindlichen Schaden leidet.

Das Rechthabenwollen. Die neuere Entwicklung unserer sozialen Gemeinschaft hat es mit sich gebracht, daß jeder, der für sich und andere materiell zu sorgen hat, auf möglichste Sicherstellung bedacht ist, bedacht sein muß. Die Verhältnisse sind anders geworden. In früheren Zeiten gab es Vermögen, die im Notfalle herhalten konnten. Der Zusammenhalt der Familie bildete einen starken Schutz, hinter dem sich die einzelnen Glieder geborgen fühlen durften. Heute sieht sich jeder auf sich selbst gestellt und muß sich nach anderen Sicherungen umschauen. Er findet sie in den zahlreichen „Versicherungen“, die ihm eine vielversprechende feste Stütze bieten und für alle gesundheitsgefährdenden Zwischenfälle einzutreten haben. Jeder Arzt muß die Psychologie dieser Menschen kennen, die einer derartigen Versicherung ihr Geld anvertrauten und in Not und Gefahr eine Unterstützung erwarten. Sie leben in dem Bewußtsein, in Zeiten der gesundheitlichen Gefährdung ein Recht darauf zu haben, daß die Versicherung ihnen hilft. Wer möchte ihnen diesen Rechtsanspruch streitig machen? Die Grundlage des Rechtsanspruches ist die Bewertung des Gesundheitszustandes durch den Arzt. Ferner, wenn es sich, wie so häufig, um eine Unfallversicherung handelt, die ärztliche Entscheidung über die Frage, ob bestimmte Beschwerden mit dem Unfall in ursächlichem Zusammenhang stehen. Endlich die Einschätzung der Erwerbsfähigkeit durch den Arzt nach Prozenten, die fast in jedem derartigen Falle vorgenommen werden muß. Welch schwere, verantwortungsvolle Aufgaben die Ärzteschaft mit diesen drei Entscheidungen auf sich nehmen mußte, wird von den wenigsten richtig erkannt und empfunden.

Wenn irgendwo auf der Welt Entscheidungen getroffen werden, an denen zwei Parteien, hier der Patient und die Versicherung, interessiert sind, so wird sich sehr leicht die eine benachteiligt bzw. übervorteilt vorkommen. Für unseren Fall in erster Linie der Patient, dessen Rechtsbewußtsein nur allzu gern dazu verleitet, die durch Sachlichkeit gezogenen Grenzen in blindem Eifer zu überschreiten. Denn sein Rechtsbewußtsein gründet sich nicht auf das Urteil des Arztes, sondern auf seine eigene Auffassung, die er von seinem Gesundheitsschaden gewonnen hat. Er muß doch fühlen, wie es ihm zumute ist, er leidet und nicht der Arzt; er muß wissen, was er leisten kann, welches Arbeitsmaß billigerweise von ihm gefordert werden darf. Nur wenige Menschen sind dazu imstande, über sich selbst ein annähernd objektives Urteil abzugeben. Steht ihrer Auffassung das Urteil eines anderen entgegen, so pflegen die meisten um *ihre* Ansicht zu kämpfen. Nur gering ist die Zahl derer, die gewisse Bedenken tragen, auszusprechen, daß ihnen unrecht geschieht. Das gilt u. a. auch für die Bewertung des Gesundheitszustandes, bei der keiner so erheblichen Irrtümern und Täuschungen unterworfen ist als der Neurotiker. Es muß nur zu natürlich erscheinen, daß auch das Rechtsbewußtsein, das Rechthabenwollen sich mehr oder weniger ungewußt und ungewollt aller erdenklichen Charakterschwächen bedient, um diesen ein festes, aber für den Kenner um so mehr fadenscheiniges, höchst durchsichtiges Mäntelchen umzuhängen („wozu sich zusammennehmen, wenn man ein Recht auf Entschädigung hat“).

Das neurotische Zurückweichen vor äußeren und inneren Schwierigkeiten, die Flucht in die Krankheit, das Krankheitsbewußtsein finden in der Möglichkeit einer materiellen „Krankheits“entschädigung eine so unzweckmäßige Fixierung. Der Neurotiker fühlt sich krank. Er will nicht in erster Linie eine Rente, sondern er pocht auf sein Recht. Selbstverständlich ruft das Rechtsbewußtsein auch den Wunsch nach Entschädigung wach. Dieser Wunsch neigt zu enormer Selbständigkeit und trägt nur wieder dazu bei, den neurotischen Erscheinungskomplex noch mehr zu festigen.

Die Ablehnung der von den Patienten als berechtigt empfundenen „Interessen“ kann verschiedene Wirkungen haben. Die einen kommen zur Vernunft, die anderen resignieren und behalten das stille oder halblaute Bewußtsein, daß ihnen zu dem Unglück (der Krankheit) auch noch ein höchst unverdientes Unrecht geschehen ist. Ein Teil der Versicherten aber legt seine ganze Kraft, die einer besseren Sache würdig wäre, in den Rechtskampf hinein und entwickelt sich zum mehr oder weniger hartnäckigen Querulanten. Um was geht es den Versicherungsneurotikern, die die Ablehnung ihrer vermeintlichen Ansprüche mit Entrüstung quittieren? Um ihr Recht, um ihre Existenz, aber häufig auch um Ehre und Ansehen „vor den Leuten“. Man muß sich vorstellen was es heißt, wenn ein Mensch, der sich vor der Mitwelt als krank ausgibt, sich nun plötzlich vor die Tatsache gestellt sieht, daß seine „Krankheit“ als nicht vorhanden zu gelten hat. Kann er sich das vor seinem eigenen Gewissen eingestehen? Müßte er doch vor den Leuten zugeben, daß er ein Schwächling ist, daß er es an Energie und Lebensmut fehlen läßt, daß er sich auf Kosten anderer unterhalten lassen will. Es ist leichter einzusehen, daß man ungerecht behandelt wurde („bei so viel Unrecht, das in der Welt geschieht“), als daß man selbst im Unrecht sich befinden soll. Also bleibt diesen Menschen nichts anderes übrig, als zu querulieren und zu kämpfen. Und je mehr sie sich dem Kampfe ergeben, um so verblendeter erscheinen sie uns, um so größer sind die Schäden, denen sie ihr eigenes Ich in die Arme treiben. In blindwütender Selbstverstümmelung verbittern sie ihr Dasein, wenden ungeheure Kräfte auf für eine Sache, die ihr eigenes Unglück bedeutet. Das Maß von verbissenem Fanatismus übersteigt in manchen Fällen die kühnsten Erwartungen des gesunden Menschenverstandes und ist gerade deswegen typisch für die affektive Perversität so mancher Psychopathen.

Wie verhalten sich die Ärzte für gewöhnlich zu den Versicherungsneurotikern? Der Mannigfaltigkeit menschlicher Naturen entsprechend sehr verschieden. Fassen wir die möglichen Extreme ins Auge. Die einen fühlen sich in übertriebener Fürsorge dazu berufen, die Patienten in ihren Rechtsansprüchen zu unterstützen. Oft geschieht es auch aus reiner Bequemlichkeit, um den lästigen Patienten mit Anstand und ohne weitläufige Auseinandersetzung loszuwerden. Die anderen stellen sich mehr oder weniger abweisend oder gar verächtlich ein, sobald sie einen Menschen vor sich haben, der für sein Recht kämpft, weil sie „nur" seine Schuld sehen, weil das weichliche, schwächliche Sichgehenlassen, die Flucht vor den Schwierigkeiten des Lebens und das „Schmarotzen" auf Kosten der Allgemeinheit ihnen moralisch höchst anrüchig erscheint und deshalb eine schroffe Absage verdient.

Beide Extreme begehen in ihrer Einseitigkeit einen Fehler. Es ist selbstverständlich, daß jede Bekräftigung eines Rechtsanspruches, der objektiv keine, zum mindesten nicht den Grad der vermeintlichen Berechtigung hat, verheerende Wirkungen zeitigen muß. Sie wirkt als eiserner Hemmschuh auf alle Regungen, die einen Ausweg aus den neurotischen Irrungen bedeuten würden. Wie kann ein Patient, der in dem Bewußtsein lebt, einen schweren Schaden davongetragen zu haben, zu einer besseren Ansicht bekehrt werden, wenn ein Arzt ihm den Zusammenhang der Beschwerden mit einem Unfall oder dem Kriegsdienst bescheinigt und damit die Lage eines Rechtsanspruches schafft oder stützt. Gerade die Bekehrung von der falschen, unbegründeten Meinung, daß die Neurose z. B. eine Unfallfolge sei, ist die einzig mögliche Basis für eine Heilung von den nervösen Beschwerden. Sie kommt nur auf Grund der Einsicht in die charakterliche Insuffizienz zustande, die hinter den neurotischen Erscheinungen steht und einen für sie fruchtbaren Nährboden abgibt. Nur wenigen Unfallneurotikern ist klar, daß es einer energischen Selbsterziehung und Selbstdisziplin bedarf, um die Beschwerden zu überwinden. Daß ihr Heil von einem soliden Zutrauen zu ihrer Leistungsfähigkeit und zu der Intaktheit ihres Körpers abhängig ist. Es wird ihnen aber auch nur selten klargemacht. Der Arzt trifft seine gutachtliche Entscheidung und läßt den Patienten im Ungewissen, weil es nicht immer angenehm ist, anderen Menschen die Wahrheit zu sagen, zumal wenn man aus Erfahrung weiß, daß sie auf einen spröden Boden fällt. Dies gilt von der zweiten Klasse der Ärzte. Die erste begeht den Fehler, daß sie ihren der Gesundung des Patienten abträglichen Standpunkt zur unzweckmäßigen Suggestion erheben. Der Fehler der zweiten Gruppe liegt darin, daß ihre abweisende Schroffheit bei den Neurotikern nur eine Trotzeinstellung wachruft. Und je offensichtlicher diese ihre Beschwerden verkannt und nicht geachtet sehen, desto mehr wächst das Gefühl der ungerechten Beurteilung und der inneren Berechtigung zum Kampf. Sogleich ist dem fruchtlosen Querulantentum Tür und Tor geöffnet. Es wird der „menschenfreundlichere“ Arzt gesucht und gefunden, der eine mildere Auffassung vertritt. Ihm wird geglaubt, mag auch die Entscheidung der höchsten ärztlichen und behördlichen Instanzen eine andere Meinung zum Ausdruck bringen. Hingegen wird der Arzt, der sich scheinbar gegen die Interessen des Patienten stellt, der dem Krankheitsbewußtsein und Rechtsbegehren begegnet, als Partner der Versicherung oder des Staates angesehen.

Wären alle Ärzte sich dessen bewußt, was sie mit Worten und Taten, mit unzweckmäßigen ärztlichen Zeugnissen und Bescheinigungen für Unheil anrichten, es wäre manches besser bestellt. Immerhin wäre damit die Rentenneurose noch nicht aus der Welt geschafft, wenn auch ihre Bekämpfung im Einzelfalle mehr Aussicht auf Erfolg hätte.

Willensschwäche und Hypochondrie, „Beschränktheit“ und „Unmoral“, die wichtigsten psychologischen Momente der Neurose im allgemeinen und der Rentenneurose im besonderen, werden immer bestehen und immer wirksam bleiben. So einfach und selbstverständlich sie erscheinen, sie werden seltsamerweise im Umgang mit Neurotikern oft nicht bedacht. Solange die hier entwickelte psychologische Erkenntnis nicht Allgemeingut sämtlicher Ärzte geworden ist, wird es keine wirksame Bekämpfung der Versicherungsneurose geben. Und doch stellt es ein zwingendes und brennendes Problem dar, wie sich diese „Volksseuche“ eindämmen läßt.

Zu Unrecht ist in früherer Zeit das reine Geldinteresse in den Vordergrund geschoben worden. Der Begriff der „Rentensucht“

ist allzusehr mit dem Gewicht des materiellen Vorteils behaftet. Diese Auffassung muß besonders unsinnig erscheinen, wenn den betreffenden Neurotikern trotz ihres Rentenkampfes nicht nur kein Vorteil, sondern ein schwerer Nachteil gegenüber ihrer bisherigen werktätigen Existenz blüht. Diese Fälle sind es vor allem, die darauf hinweisen, daß andere Momente als Motive hinter den Beschwerden stehen. Ich erinnere ferner an die Versicherungsneurotiker, die mit subjektiv ehrlicher Überzeugung jegliche Rentensucht in Abrede stellen. Sie wollen den Staat oder die Behörde nicht ausnützen, aber sie wollen die Rechtslage geklärt wissen für den Fall, daß „es noch schlimmer kommt". Und diese Befürchtung ist bei den Neurotikern so leicht mobilisiert. Gewiß spielt auch das Geldinteresse manchmal eine ausschlaggebende Rolle. Man hört es selten, doch können naive und in ihrer Ehrlichkeit unbekümmerte, meist geistig beschränkte Versicherungsneurotiker ungehemmt zum Ausdruck bringen, daß ihr Rentenantrag im Wirtshaus von den Bekannten „ausgemacht" wurde. „Du bist schön dumm, daß du noch keine Kriegsrente hast." Wer möchte sich diese „Dummheit" vorwerfen lassen, dazu gehört Mut. Oder: „Ich möchte halt eine Rente, damit ich endlich auch einmal etwas verdiene." Oder: „Meine Familie verlangt es, da sie mich doch immer unterhalten muß." Diese Fälle sind wohl nicht so sehr häufig, immerhin kommen sie vor. Wesentlicher wollen mir die anderen psychologischen Umstände erscheinen. Der materielle Komplex hat in erster Linie die Bedeutung, daß die Rentenbewilligung dem Patienten eine Bestätigung seines Schadens ist. Daher ist sie verhängnisvoll.

Die Ablehnung der Rente ist ein wichtiges therapeutisches Mittel in den Händen des Arztes. Ein Mittel, das keineswegs an Gewicht verliert, weil etwa in einem kleinen Prozentsatz der Fälle der äußere Zwang zur inneren „Bekehrung" erfolglos bleibt. Wir hören so häufig den Einwand, daß manche Neurotiker nicht arbeiten, obgleich ihnen keine Rente und keine Arbeitsunfähigkeit „bewilligt" wurde. Wer möchte als Arzt ein Mittel deswegen verwerfen, weil es gelegentlich versagt? Niemand wird sich bei anderen Heilmitteln durch einzelne Fehlschläge beirren lassen. Die Nichtbewilligung der Rente ist der letzte Trumpf, den die Therapie in der Hand hat.

Eine gewisse Schwierigkeit bietet in manchen Fällen die Frage, ob es sich überhaupt um eine Neurose handelt. Da der praktische Arzt dies oft nicht klar zu entscheiden vermag, sollten schon möglichst frühzeitig Nervenfachärzte zugezogen werden, um die Diagnose zu sichern, die dringend notwendigen Behandlungsvorschläge anzugeben und von vornherein jedes Abbiegen auf psychische Irrwege zu verhindern. Hat die Beurteilung mit gewissen Zweifeln und Unsicherheiten zu rechnen, so ist größte Vorsicht am Platze. Man soll und darf gerade dem um sein Recht kämpfenden Patienten kein Unrecht tun. Ebensowenig aber sollte man ihn in unnötige Befürchtungen hineintreiben, wenn auch bei der Entscheidung das „in dubio pro aegroto“ den Ausschlag zu geben hat. Die Gefahr einer psychogenen Entwicklung kommt nicht nur in einzelnen wenigen Fällen wehleidiger und weichlicher Charakterveranlagung in Betracht, sondern ist in der Regel in nuce vorhanden, auch bei vielen früher energischen und gefestigten Charakteren mit ursprünglich organischen Schädigungen. Der Satz, daß Menschen mit organischen Erscheinungen der psychogenen Symptomatologie entbehren könnten, hat auch nur beschränkte Gültigkeit. Abgesehen von den psychogenen Überlagerungen gibt es ja Entwicklungen, die eine psychische Fixierung anfänglich organischer, aber längst ausgeglichener „Schäden“ bedeuten.

Schluß: Therapeutische Hinweise.

Schauen wir noch einmal den Weg zurück, den wir gegangen sind.

Wenn der Arzt im Umgang mit seinen Patienten all die genannten Klippen sieht, welche die menschliche Psychologie ihm bietet, und ihnen zu begegnen weiß, dann ist für ihn und für den Kranken viel gewonnen. Selbst bei organischen Leiden bedarf die Psyche einer zarten und feinen Pflege, die jede vermeidbare Beunruhigung fernhält. Wir müssen persönliche Verhältnisse, Gewohnheiten, Arbeitsbedingungen, geheime Wünsche und Lebensziele, Sorgen und Befürchtungen der Menschen kennen, die wir richtig behandeln wollen, auch bei Organikern. Oft ist wichtiger, wie der Kranke sein Leben einrichtet, als alles andere. Immerhin steht bei objektiven Befunden die organische Therapie im Vordergrunde. Eine Blinddarmentzündung wird schwerlich auf wohltuende psychische Behandlung reagieren. Bei Neurotikern hat umgekehrt der therapeutische Schwerpunkt auf der psychischen Seite zu liegen.

Nach der einen wie nach der anderen Seite sind Fehldiagnosen verhängnisvoll. Daß dieser Satz für die Verkennung organischer Erkrankungen im Sinne des Psychogenen zutrifft, wird von jedermann ohne weiteres zugegeben. Aber es ist im allgemeinen nicht üblich, eine auch nur nennenswerte Bedeutung der organischen Fehlauffassung neurotischer Beschwerden beizumessen. Und doch vermag gerade diese Fehldiagnose großes Unheil anzurichten. Können schon zutreffende, aber ungeschickte, unbedachte, von Patienten falsch verstandene Äußerungen des Arztes große Beunruhigung hervorrufen, wieviel mehr noch muß sich ein Neurotiker bei grob organischen Diagnosen ängstigen, die ihm fälschlicherweise zudiktiert werden. Der Angstkomplex setzt sich fest, er wirkt beharrlich weiter und läßt sich ebenso schwer beseitigen wie er leicht wachgerufen wurde. Eine falsche Diagnose, ein prognostischer Irrtum ist in diesem Falle ein schwerer Kunstfehler. Das Festhalten unheimlicher, bedrohlicher Phantasien ist eine menschliche Eigentümlichkeit, die nur der zu verkennen vermag, der überhaupt in psychologischen Dingen kein Verständnis und kein Nachdenken kennt. Arztsein mag Sache der Begabung sein, Arztwerden aber *auch* Sache des Fleißes, des soliden Wissens und Könnens.

Der oberste Grundsatz der Therapie gipfelt in der Überlegung, daß wir nicht abseits, sondern mit der Natur behandeln. Wir müssen diese „Natur“ und ihre Lebensbedingungen schon sehr genau kennen, wenn wir sie in unsere Überlegungen einsetzen wollen. Dazu ist als oberste Bedingung eine genaue *Vorgeschichte* notwendig. Sie ist allzusehr in Mißkredit geraten; beim vielbeschäftigten praktischen Arzt in erster Linie aus Zeitmangel.

Die einzige medizinische Disziplin, in der heute noch die Vorgeschichte eine bedeutsame Rolle spielt, ist die Psychiatrie. Den anderen Disziplinen ist sie mehr oder weniger abhanden gekommen, zum mindesten spielt sie auch hier (nicht nur in der allgemeinen Praxis) keineswegs mehr die Rolle, die ihr eigentlich zukommt.

Wenn wir die Kranken über ihre Beschwerden ausfragen, so ist zu bedenken, daß die Fähigkeit der Laien, ihre Körpervorgänge oder ihre seelischen Regungen zu beobachten, oft sehr gering einzuschätzen ist. Manches entgeht ihnen, haftet nicht in ihrer Erinnerung. Die Treue des Gedächtnisses versagt insbesondere bei der chronologischen Ordnung des Krankheitsgeschehens. Sie vergessen oft wichtige (für den Arzt wichtige) Einzelheiten, die man mühsam aus ihnen herausfragen muß. Dazu kommt noch, daß die Patienten durch ihre Beschwerden lebhaft alteriert, erwartungsvoll gespannt auf das Urteil des Arztes sein Sprechzimmer betreten. Diese seelische Verfassung ist sehr ungeeignet für die Aufgaben, die wir ihnen stellen. In der Regel bringen sie keine Beobachtungen vor, sie berichten ihr Urteil, das sie sich über ihren Zustand gebildet haben, oder das, was sie von anderen Ärzten gehört und meistens nur halb verstanden haben. Um Mißverständnisse zu vermeiden, sollte man sie zunächst ruhig anhören und reden lassen. Wir fragen uns, was die Kranken uns berichten wollen, was ihre Worte zum Ausdruck bringen sollen. Immer wieder müssen wir sie darauf hinweisen, ihren Zustand und seine Entstehung zu beschreiben und alles Urteilen beiseite zu lassen. Zur Vorgeschichte gehört ferner ein Überblick über Abstammung, frühere Entwicklung, überstandene Krankheiten, über die häuslichen Verhältnisse, Gewohnheiten, Gebräuche und über die berufliche Situation. Was dem alten Hausarzt als selbstverständliches Wissen zur Verfügung stand, müssen wir heute mühsam erfragen.

Vorgeschichte und Untersuchungsbefund geben die Basis ab für das Urteil, ob der uns anvertraute psychophysische Organismus den äußeren Lebensbedingungen *angepaßt ist.* Anpassung ist ein Zustand des Gleichgewichts zwischen Anforderung und Leistung.

Wenn ein asthenischer Organismus Schwerarbeiten verrichten muß, so ist er der Arbeitsanforderung nicht angepaßt. Wenn er auf diese Situation mit Erschöpfungssymptomen oder infolge der seelischen Anspannung mit nervösen Beschwerden reagiert, so bedarf nicht seine „Krankheit" einer ärztlichen Behandlung, sondern die Lebenssituation einer Änderung.

Anders liegt der Fall eines Unfallkranken, der eine leichte Commotio cerebri durchgemacht hat, sich wohl fühlt, aber bei Wiederaufnahme seiner ihm früher gewohnten Arbeit gewisse organisch nicht faßbare Beschwerden, wie Kopfschmerzen, Schwindelgefühl, bekommt. Er arbeitet einen, auch zwei Tage und gibt dann den Versuch auf. Hier handelt es sich darum, daß der noch ein wenig empfindliche Organismus sich allmählich wieder auf die Anforderungen einstellt, die ihm zu erfüllen schwerfallen; ähnlich wie manchem Gesunden, der nach einem längeren Urlaub seinen Dienst wieder übernehmen soll. Die Kunst des Arztes besteht darin, den Betreffenden trotz seiner Beschwerden vor der Klippe des Versagens zu bewahren, seinen Mut zur Leistung zu heben, auf daß er den früheren Zustand des Angepaßtseins wieder erreicht. Eine Unterstützung des Ausweichens vor den Aufgaben des Lebens wäre auf die Dauer unangebracht. Es geschieht häufig, und diese Gedankenlosigkeit schafft einen günstigen Boden für die Ausbildung einer Unfallneurose.

Wenn ein ängstliches, leicht debiles Dienstmädchen aus berechtigtem Ärger über unfreundliche Behandlung durch die Dienstherrschaft seine Stelle verläßt und nun aufgeregt und zittrig daheim bei den Eltern herumsitzt, so ist dieser Patientin nicht damit gedient, daß sie sich wochenlang „erholt". Brom und Baldrian sind gute Mittel, wichtiger aber ist die psychische Beruhigung über die Harmlosigkeit der Beschwerden und der Hinweis, daß es bald an der Zeit sein wird, eine neue Arbeit zu beginnen. Sie muß äußere Bedingungen aufsuchen, denen sie gewachsen ist.

Die Belastung durch psychische Komplexe, wie sie etwa eine Ehefrau zu tragen hat, deren Mann ein roher, arbeitsscheuer Säufer ist und sich um seine Familie, um das Gedeihen der Kinder nicht kümmert, kann irgendwann einmal im Laufe der Zeit ein unerträgliches Maß erreichen und zu lebhaften nervösen Beschwerden führen, aus mannigfachen Gründen: gesteigerte Arbeitsanforderungen, Rekonvaleszenz nach einer Infektionskrankheit, Klimakterium usw. In diesem Falle ist ein ärztlich geleiteter Erholungsaufenthalt sehr angezeigt, damit die Patientin neue Kraft zur „Anpassung“ sammeln kann.

Dagegen sollte ein junger Mann, dessen Braut ihm den Laufpaß gab, unbedingt weiterarbeiten, auch wenn er sich den Verlust so zu Herzen nimmt, daß er Herzklopfen und Atemnot bekommt. Es fällt ihm nicht leichter, die Anpassung an die Arbeit aufrecht zu erhalten, wenn er vor lauter „Erholung“ nur noch mehr Zeit zum Grübeln hat und sich dadurch noch tiefer in seinen Kummer alias nervöse Beschwerden versenkt.

Diese Einzelfälle, welche diagnostisch nichts anderes als Menschen mit nervösen Beschwerden zum Gegenstand haben, sollen zeigen, wie sehr man nach Art und Entstehung der Symptome differenzieren muß, wenn man Erfolgreiches leisten will. Einfacher Zuspruch, Ablenkung und Zerstreuung, Milieuwechsel oder Arbeitstherapie. Jeder Fall bedarf einer individuellen Lösung, die den Weg zu suchen hat, wie die ins Wanken geratene Anpassung wiederhergestellt wird. Vielfach steht uns nur die Aufgabe bevor, dem Patienten klarzumachen, daß er sich nur subjektiv unangepaßt fühlt, während objektiv dafür keine Gründe vorliegen. Die Grenzfälle zwischen „subjektiv“ und „objektiv“ bedürfen einer besonders feinsinnigen psychagogischen Therapie.

Überall da, wo leidlich kräftige, ihrer Konstitution nach annähernd leistungsfähige Menschen aus rein seelischen Gründen nervös versagen, ist Verweichlichung strengstens kontraindiziert. Damit wollen wir nicht einer schroffen Behandlung das Wort reden. Sie würde nur abstoßen und erst recht irritieren. Wir haben vielmehr die Pflicht, den Neurotikern Trost und Hoffnung zu geben und sie aufzuklären über die Bedeutungslosigkeit ihrer

Beschwerden. Dazu ist es notwendig, daß wir sorgfältig und mit Verständnis auf ihre Sorgen und Nöte eingehen, daß wir die seelische Ursache ihrer Beschwerden erfassen. Die Mehrzahl der Neurotiker ist ängstlichen, unselbständigen Kindern vergleichbar, die man nach Zufällen des Unglücks und Versagens leiten und führen muß, daß sie den Kampf mit dem Leben von neuem wagen. Sollen unsere Worte wirken, so müssen wir ihnen durch mildes, aber nicht minder festes, autoritatives Auftreten besonderen Nachdruck verleihen. Unsicherheit und Zaghaftigkeit erweckt keinen günstigen Eindruck. Auch die sog. kleine Psychotherapie des praktischen Arztes vermag nur auf der Basis der ärztlichen Autorität suggestive Erfolge zu erzielen. Nervöses Versagen ist ein Zeichen dafür, daß der Betreffende sein Leben irgendwie nicht zu meistern verstand. Also haben wir nachzuhelfen und ihn im Rahmen seiner Natur wieder zur Lebenstüchtigkeit zu erziehen. Dazu, daß er Bagatellen nicht tragisch nimmt und trotz gewisser kleiner körperlicher Unbequemlichkeiten sich einer Tätigkeit zuwendet.

Man mag einwenden, daß wir Ärzte nicht dazu da sind, die Menschen zu sozialen Nutzleistungen anzuleiten. Dieser Einwand führt sich dadurch selbst ad absurdum, daß die „sozialen Nutzleistungen“ alias Arbeit eine für Neurotiker äußerst wohltuende, therapeutisch dankbare menschliche Erfindung darstellen. Arbeit setzt fruchtlosen Grübeleien eine Grenze. Arbeit ist das beste Heilmittel für psychische Komplexe, deren Ausbreitung sich verbietet, die doch irgendwie überwunden werden müssen. Ohne Arbeit würde dem Kontrast von Ruhe und Erholung der tiefere Sinn genommen sein. Nur die Leistung vermag innere Befriedigung und Sicherheit zu bringen, die dem Neurotiker so nottut. Nur der arbeitende Mensch findet einen tiefen Schlaf.

Der Segen der Arbeit ist mehr und mehr in Mißkredit geraten, je weniger es Menschen gibt, die für ihr Eigentum schaffen und infolgedessen zu den Dingen ihrer Hantierung ein persönliches Verhältnis besitzen. Die Entindividualisierung unserer Zeit hat die Arbeit als notwendiges Übel, aber als ein Übel, gebrandmarkt. Wir Ärzte müssen aus therapeutischen Gründen dieser Auffassung begegnen. Inwieweit wir für die Beschaffung geeigneter Arbeit zu sorgen hätten, darüber ist eine zweckmäßige Entscheidung noch nicht gefallen. An sich wäre keiner als der gute Arzt so sehr geeignet, Berater der sozialen Organisationen und der sozialen Fürsorge zu sein.

Wichtig ist in jedem Falle auch eine Revision der Lebensgewohnheiten. Allzu starke Arbeitsanspannung wird nur von den wenigsten Menschen auf die Dauer ertragen. Sie führt zur Erschöpfung ebenso wie eine Arbeit, welche gehäufte gemütliche Reibungen mit sich bringt. Die Ökonomie der Kräfte verlangt in solchen Fällen Erholung und Zerstreuung, die aber keine erneute körperliche oder geistige Belastung darstellen sollte. Ablenkung und Zerstreuung läßt auch Leiden vergessen. Allerdings sind die geeigneten Wege der Erholung für die einzelnen Menschen sehr verschieden. Ein gutes Buch oder ein Detektivroman, ein Spaziergang, Wanderungen, Theater, Kino, Konzerte, Gesellschaften, Exzesse, sportliche Betätigung usw. Besonderen Wert müssen wir wohl auf die Tatsache der Umschaltung von der Arbeit legen, während die Kraft, welche gewisse Methoden der Erholung erfordern, bei manchen Menschen ein erhebliches Maß erreichen darf. Bei anderen allerdings haben die Zeiten der Erholung in erster Linie Schonung zu bedeuten, denn nicht jeder ist für Lebens„genuß“ begabt.

Tageslauf und Lebensweise sollten beim Neurotiker den Stempel der geregelten Gewohnheit tragen. Bestimmte allgemeingültige Anweisungen vermag man hier nicht zu geben. Individuelle Eigenheiten müssen weitgehende Berücksichtigung finden. Die Verordnung eines Mittagsschlafes kann in einem Falle zur quälenden Last werden, während sie bei anderen äußerst wohltuend wirkt. Kalte morgendliche Waschungen werden vielfach angenehm empfunden, bei manchen Vasomotorikern rufen sie höchst unangenehme Mißempfindungen hervor. Der eine braucht Ruhe und Behaglichkeit beim Essen, der andere will anregende Gesellschaft, sonst schmeckt es ihm nicht. Viele Patienten wissen nicht, daß etwa Kaffee Durchfall machen kann, daß sie nichts Saures oder nichts Süßes ertragen, daß das Zurückhalten der Defäkation aus irgendwelchen Gründen Beschwerden macht. Andere wissen wieder zuviel und hören das Gras wachsen, was alles ihrem Körper schaden soll. Wer unter Störungen infolge irgendwelcher Genußgifte leidet, und es dennoch tut, muß den Schaden tragen. Dies nur ein paar Beispiele. Solche „Kleinigkeiten“ wollen bedacht sein, wenn man wirklich ärztlicher Berater sein will. Nicht im Rezeptieren liegt bei der Behandlung der Neurotiker die Kunst des Arztes. Gewiß kann er manchmal auch durch eine nette Arznei imponieren und helfen. Im Vordergrunde aber sollte der gesunde Menschenverstand stehen, der die Natur mit natürlichen Mitteln zu erfassen und zu leiten versteht. Ein Rezept bei einem Neurotiker ist häufig nichts anderes als ein Ausweg und ein Zeichen dafür, daß man der Situation therapeutisch nicht gewachsen ist. Wenn schon die Therapie über allgemeine Lebensregeln, Urväterweisheit und diätetische Verordnungen hinausgehen soll, dann sind die Methoden der physikalischen Therapie (Kälte, Wärme, Bäder, Luft, Licht, Massage, Gymnastik, Elektrizität, Schwitzkuren und Klimawechsel) der Medikation von Drogen und Giften immer noch vorzuziehen.

Jede Behandlung hat die Frage des Leidens ins Auge zu fassen. Der Kranke leidet an dem, was er fühlt. Was bedeutet Leiden für den Neurotiker, wie stellt er sich zum Leiden, wie ist er ihm gewachsen, wie sind seine Beschwerden und Klagen zu bewerten? Viele Neurotiker müssen sich mit einem gewissen Maß von Leiden aussöhnen, denn in ihrer Veranlagung liegt es begründet, daß der Organismus oft nicht auf Frische und Wohlbefinden gestimmt ist, ohne daß dies gleich etwas Schlimmes zu bedeuten hätte. Jeder Mensch hat sich damit abzufinden, daß seine psychischen Anlagen gewisse Defekte, Unvollkommenheiten und Grenzen aufweisen, genau so, wie er auch körperliche Proportionsmängel in Kauf nehmen muß.

Das aber ist für viele ein hartes Einsehen:

„Ich habe wegen meiner flachen und engen Brust, die für die Bewegung des Herzens und der Lunge wenig Spielraum läßt, eine natürliche Anlage zur Hypochondrie, welche in früheren Jahren bis an den Überdruß des Lebens grenzte. Aber die Überlegung, daß die Ursache dieser Herzbeklemmung vielleicht bloß mechanisch und nicht zu heben sei, brachte es bald dahin, daß ich mich an sie gar nicht kehrte und währenddessen, daß ich mich in der Brust beklommen fühlte, im Kopf doch Ruhe und Heiterkeit herrschte . . . die Beklemmung ist mir geblieben, denn ihre Ursache liegt in meinem körperlichen Bau. Aber über ihren Einfluß auf meine Gedanken und Handlungen bin ich Meister geworden durch die Abkehrung der Aufmerksamkeit von diesen Gefühlen, als ob es mich gar nichts anginge“ (I. Kant).

Kinderpsychotherapie in der Praxis. Von Dr. **Curt Boenheim,** Leiter der Poliklinik für nervöse und schwer erziehbare Kinder am Kaiser und Kaiserin Friedrich-Kinderkrankenhaus der Stadt Berlin. Mit einem Geleitwort von Geheimrat Professor Dr. H. Finkelstein. VII, 136 Seiten. 1932.
RM 7.50; gebunden RM 9.—

Psychotherapie. Charakterlehre. Psychoanalyse. Hypnose. Psychagogik. Von Dr. **Arthur Kronfeld,** a. o. Prof. an der Universität Berlin. Zweite, verbesserte und vermehrte Auflage. XIV, 309 Seiten. 1925. RM 12.—; gebunden RM 13.20*

Einführung in die Psychotherapie für Medizinstudierende und Ärzte. Von Oberarzt Dr. **H. A. Adam** in Regensburg. Mit 15 Textabbildungen. VII, 123 Seiten. 1925. RM 6.60*

Psychogenese und Psychotherapie körperlicher Symptome. Von R. Allers-Wien, J. Bauer-Wien, L. Braun-Wien, R. Heyer-München, Th. Hoepfner-Cassel, A. Mayer-Tübingen, C. Pototzky-Berlin, P. Schilder-Wien, O. Schwarz-Wien, J. Strandberg-Stockholm. Herausgegeben von **O. Schwarz,** Privatdozent an der Universität Wien. Mit 10 Abbildungen im Text. XVIII, 481 Seiten. 1925. RM 27.—

Subordination, Autorität, Psychotherapie. Eine Studie vom Standpunkt des klinischen Empirikers. Von Professor Dr. **Erwin Stransky,** Wien. („Abhandlungen aus dem Gesamtgebiet der Medizin.") IV, 70 Seiten. 1928. RM 4.80

Die Bezieher der „Wiener Klinischen Wochenschrift" erhalten die „Abhandlungen" mit einem Nachlaß von 10 %.

Medizinische Psychologie für Ärzte und Psychologen. Von Dr. med. et phil. **Paul Schilder,** Privatdozent an der Universität Wien, Assistent der Psychiatrischen Klinik. Mit 9 Textabbildungen. XIX, 355 Seiten. 1924. RM 12.—; gebunden RM 13.20*

Die Psychologie in der Psychiatrie. Eine Einführung in die psychologischen Erkenntnisweisen innerhalb der Psychiatrie und ihre Stellung zur klinisch-pathologischen Forschung. Von Dr. **Arthur Kronfeld,** Berlin. VII, 106 Seiten. 1927. RM 4.80*

* Auf alle vor dem 1. Juli 1931 erschienenen Bücher des Verlages Julius Springer-Berlin wird ein Notnachlaß von 10 % gewährt.

GPSR Compliance

The European Union's (EU) General Product Safety Regulation (GPSR) is a set of rules that requires consumer products to be safe and our obligations to ensure this.

If you have any concerns about our products, you can contact us on ProductSafety@springernature.com

In case Publisher is established outside the EU, the EU authorized representative is:

Springer Nature Customer Service Center GmbH
Europaplatz 3
69115 Heidelberg, Germany

Batch number: 10844623

Printed by Printforce, the Netherlands